W0044367

Beck

Recherchieren – Strukturieren – Präsentieren

Recherchieren Strukturieren Präsentieren

So überzeugen Sie in Abschluss-
arbeiten, Artikeln, Reports
und Vorträgen

von

Prof. Dr. Hanno Beck

1. Auflage, 2014

Zum Autor:

Hanno Beck, Diplom-Volkswirt, Studium der Wirtschaftswissenschaften mit anschließender Promotion an der Universität Mainz, war mehrere Jahre Redakteur in der Wirtschaftsredaktion der Frankfurter Allgemeinen Zeitung. Zugleich hatte er Lehraufträge an den Fachhochschulen Frankfurt, Wiesbaden und Wetzlar inne. Seit 2006 ist er Professor für Volkswirtschaftslehre an der Hochschule Pforzheim. Außerdem ist Hanno Beck Autor mehrerer populärwissenschaftlicher Sachbücher.

www.beck.de

ISBN 973-3-406-66204-1

© 2014 Verlag C.H.Beck oHG
Wilhelmstraße 9, 80801 München

Satz: Fotosatz Buck, Zweikirchener Str. 7, 84036 Kumhausen
Druck: Druckhaus Nomos, In den Lissen 12, 76547 Sinzheim
Umschlaggestaltung: fernlicht kommunikationsdesign, Gauting
Bildnachweis: iStock.com/selimaksan

Gedruckt auf säurefreiem, alterungsbeständigem Papier
(hergestellt aus chlorfrei gebleichtem Zellstoff)

So nutzen Sie dieses Buch

Um Ihnen das Lesen und Arbeiten mit diesem Buch zu erleichtern, hat der Autor verschiedene Stilelemente verwendet.

 Hier finden Sie Tipps und Checklisten.

 Hier finden Sie Beispiele und Geschichten zur Illustration.

 Hier finden Sie Übungen und Muster, die Sie übernehmen können.

 Die Zielscheibe kennzeichnet Zusammenfassungen und Fazits.

Bevor wir anfangen – um was geht es eigentlich?

Mission: Impossible. Sie haben also – warum auch immer – die Aufgabe, einen Bericht, einen Artikel, eine wissenschaftliche Hausarbeit abzuliefern, einen Report an die Geschäftsleitung, einen Fachvortrag für das nächste Treffen eines wichtigen Ausschusses, einen Essay oder eine Rede für eine Festveranstaltung. Und jetzt sitzen Sie am Schreibtisch und fragen sich, wie um alles in der Welt Sie das in der knappen Zeit schaffen sollen. Wenn es ganz schlimm kommt, dann ergeht es Ihnen wie dem Verfasser dieses Buches, der jahrelang als Journalist gearbeitet hat: In seinem ersten Monat als Jungredakteur schneite der Ressortleiter mit wehenden Rockschößen ins Büro und formulierte knapp „Herr Beck, wir brauchen 180 Zeilen zum Thema ♣¥¿Ψ§$@!&*+#, um halb fünf ist Andruck". Wie unschön – ich hatte noch nie in meinem Leben etwas von ♣¥¿Ψ§$@!&*+# gehört, geschweige denn, dass ich wusste, wie man darüber sinnvoll 180 Zeilen in zwei Stunden schreiben soll. Mission: Impossible.

Gut, es muss nicht immer so extrem sein, aber vom Prinzip her kennen Sie das: Man muss sich innerhalb kürzester Zeit zu einem Experten in einem Thema machen, von dem man wenig Ahnung hat und dann kompetent, anschaulich, informativ und am besten noch unterhaltsam darüber anderen Menschen berichten – entweder schriftlich oder mündlich, oder beides. Wie soll denn das gehen?

Es geht. Und es geht gut und ohne Stress, wenn man ein paar Kniffe und Tricks kennt. Wenn man weiß, wo und wie man suchen muss und wenn man Techniken hat, wie man aus dem Berg von recherchierten Informationen eine brauchbare Gliederung macht. Und wenn man ein wenig darüber weiß, wie man diese Informationen mit der Gliederung als Rahmen aufbereitet.

Lassen Sie sich dabei nicht von den Begriffen „Recherche", „Gliederung" oder „Hausarbeit" ablenken – diese Vorgehensweise gilt für jede Aufgabe, bei der es darum geht, andere Menschen zu informieren. Ob Sie einen Report an die Geschäftsleitung schreiben, einen Artikel für eine Tageszeitung oder ein Monatsmagazin, eine Rede für die Jahrestagung der ausgelassenen Zahnärzte, einen Vortrag für die Hochschule oder eine Lobrede auf den 60. Geburtstag der Schwiegermutter, Ihre Aufgabe besteht immer aus drei Teilschritten: Recherchieren – Strukturieren – Präsentieren. Informationen suchen, filtern, in eine Ordnung bringen und geordnet aufschreiben oder vortragen – das ist der Dreisprung, um den es in diesem Buch geht und bei dem Ihnen dieses Buch helfen soll.

Bevor es losgeht. Doch bevor wir anfangen, müssen wir drei wichtige Fragen klären, die Ihnen im weiteren Verlauf der Arbeit helfen werden, die richtigen Entscheidungen zu treffen. Welche drei Fragen sind das?

- *Um was geht es?* Sie müssen sich zunächst darüber im Klaren sein, was das Ziel Ihrer Arbeit ist – was soll mit Hilfe Ihrer Erkenntnisse gemacht werden? Sollen Ihre akademischen Fähigkeiten geschult und benotet werden? Soll der Leser informiert werden? Soll auf der Basis Ihrer Überlegungen eine Investitionsentscheidung getroffen werden? Steht die Schließung eines Geschäftsbereichs zur Debatte, oder sollen Sie Ihr Publikum einfach nur eine Zeitlang unterhalten? Nur wenn Sie sich die Zielsetzung Ihrer Arbeit hinreichend klar gemacht haben, stellen Sie sicher, dass Sie nicht die falschen Quellen, das falsche Format, die falsche Darstellungsart und die falsche Sprache wählen. Wer nicht weiß, was er will, bekommt selten das, was er braucht.

- *Wer ist mein Publikum?* Klarer Fall: Wenn Sie nicht wissen, für wen Sie das alles machen, haben Sie auch keine Idee, was Sie machen sollen. Ein Zeitungsartikel über Arbeitslosigkeit in Deutschland fällt anders aus als eine Hausarbeit zu diesem Thema, und vor allem ist der Rechercheaufwand und Mitteleinsatz äußerst unterschiedlich. Sie müssen sich darüber klar werden, wer Ihr Publikum ist, welche Sprache es spricht, was es von Ihnen erwartet, welche Vorkenntnisse Sie voraussetzen können und wie Sie die Erwartungen des Publikums am besten befriedigen können. Ohne dieses Wissen werden Sie scheitern.

- *Wie sind meine Ressourcen?* Sie müssen Ihre zeitlichen und sonstigen Limits beachten – wer nur zwei Stunden Zeit hat, um einen Artikel über ♣¥¿Ψ§$@!&*+# zu schreiben, wird nicht in die Bibliothek gehen und auch nicht dutzende wissenschaftliche Papers aus dem Netz ziehen. Wer aber an einer Dissertation sitzt und dabei nur den Rechercheaufwand für einen Zeitungsartikel betreibt – na ja, das müssen wir nicht vertiefen.

Wie Sie leicht nachvollziehen können – unterschiedliche Arten von Arbeiten, Adressaten und Restriktionen erfordern einen unterschiedlichen Rechercheaufwand, eine unterschiedliche Gewichtung von Themenaspekten und unterschiedliche Präsentationsformen. Wer das nicht beachtet, braucht nicht weiter zu lesen. All den Hilfestellungen in diesem Buch zum Trotz müssen Sie also stets überlegen, welche dieser Hilfen für Ihre spezielle Aufgabe hilfreich ist und welche nicht. Die folgende Tabelle zeigt Ihnen verschiedene Formen von Präsentationen – zu welcher Kategorie gehört Ihre Aufgabe?

Verschiedene Formen von Ausarbeitungen und Präsentationen

Adressat/Form	Ziel, Zeitaufwand, Anspruch und Stil
Nachricht/ Artikel	Information über die wichtigsten und aktuellsten Aspekte eines Themas; je nach Publikation fachspezifischer. Soll den Leser schnell und übersichtlich informieren. In der Regel dringlich, der Stil ist nüchtern-sachlich, der Anspruch: kurz, kompakt, korrekt und verständlich.
Essay/ Kommentar	Soll dem Leser eine fundierte Meinung zu einem Thema anbieten, dabei aber auch die wichtigsten Informationen zu diesem Thema erläutern; in der Regel eher an ein allgemeines Publikum gerichtet. Zumeist hat man mehr Zeit dafür, der Stil muss nicht nüchtern-sachlich sein, solche Formen sollen oft auch unterhaltend sein; sprachliche Eleganz ist durchaus gewünscht.
Hausarbeit/ Semesterarbeit	Soll zeigen, dass der Verfasser einen fundierten Überblick über ein spezielles Thema hat und die wesentlichen Aspekte eines Themas klar strukturiert aufarbeiten und präsentieren kann. Richtet sich neben dem Dozenten auch an Mitstudenten, die zu dem speziellen Thema nur wenig

Adressat/Form	Ziel, Zeitaufwand, Anspruch und Stil
	Information haben. Der Zeitaufwand beträgt je nach Arbeit und Routine vier bis acht Wochen; der ist Stil nüchtern; die Aufgabe ist deutlich recherchintensiver als Nachrichten und Essays.
Abschlussarbeit	Wie eine Hausarbeit, nur auf etwas höherem Niveau. Die Hausarbeit dient der Vorbereitung auf die Abschlussarbeit, sie ist sozusagen das Trainingsfeld. Aufwand je nach Absprache bis zu sechs Monaten. Vermasseln Sie diese Arbeit, wird Ihr Abschlusszeugnis von einem dicken Makel geziert, den Personalchefs mit einem Zucken der Augenbrauen kommentieren – zu Recht.
Dissertation	Ziel ist ein eigenständiger wissenschaftlicher Ansatz zu einem Fachthema, ein erkennbarer wissenschaftlicher Fortschritt. Richtet sich an Leser mit profunden Fachkenntnissen; Zeitaufwand wird in Jahren bemessen. Stil nüchtern-sachlich.
Report für die Geschäftsführung oder Abteilung	Klare, kurze Schilderung der entscheidungsrelevanten Fakten, soll als Grundlage für geschäftliche Entscheidungen gelten. Der Stil ist sachlich-nüchtern, die Adressaten wissen, um was es geht. Zeit ist Geld, keine langen Vorreden, verständliche, kurze und kompakte Präsentation der wichtigsten Fakten – die erstklassig und korrekt sein müssen, sonst wird Geld versenkt. Und keine Floskelolympiade.
Vortrag oder Rede	Soll Zuhörer informieren, bestenfalls auch unterhalten. Inhalt, Form und Stil richten sich nach dem Thema und dem Publikum – auf Fachveranstaltungen trägt man anders vor als auf Veranstaltungen, die sich an die Allgemeinheit richten; Festvorträge sind etwas anderes als Reports an die Geschäftsleitung. Stil sowie Rechercheaufwand sind also jeweils individuell anzupassen. Aber auch für Fachvorträge gilt: Niemals langweilig sein.

Wenn Sie klar gestellt haben, was Sie machen wollen und wer Ihr Publikum ist, kann es losgehen mit dem Dreisprung. Der erste Schritt besteht natürlich darin, Fakten zu recherchieren – aber wie?

Die Kopfstandmethode

In den meisten Büchern – so auch in diesem Buch – lernen Sie, wie man etwas richtig oder besser macht. Die Kopfstandmethode versucht das Gegenteil: Sie besteht darin, dass man sich überlegt, wie man etwas besonders schlecht macht: Wie sorge ich dafür, dass ich den Termin auf keinen Fall einhalte? Was macht meine Arbeit, meinen Vortrag besonders schlecht? Wie mache ich das Thema so uninteressant wie möglich? Auf diesem Weg kann man ein paar Stolpersteine entdecken und (hoffentlich) aus dem Weg räumen. Einen Versuch ist es auf alle Fälle wert.

Inhalt

Recherchieren

I. Vorbereitungen: Aufräumen und Grillen vertreiben

Wann fange ich an? Das ist eine einfache Frage: sofort. Sie müssen lernen, Ihre Prioritäten richtig zu setzen, und Ihre Arbeit, Ihr Artikel oder Report ist eine Aufgabe der höheren Priorität – wenn sie nicht so wichtig wäre, würden Sie ja wohl kein Buch dazu lesen. Die meisten Arbeiten scheitern nicht am Material, nicht an fehlenden Quellen und nicht an der Intelligenz des Schreibers, sondern an der falschen Prioritätensetzung und Terminplanung.

Wie plane ich meine Arbeit? Den Umgang mit Terminplanung kann man mit Hilfe sogenannter Postkorbaufgaben üben, die von Unternehmen oft bei der Auswahl von Bewerbern eingesetzt werden. Dabei werden die Kandidaten vor eine hypothetische Situation gestellt, beispielsweise dass Sie Abteilungsleiter eines großen Unternehmens sind und um neun Uhr morgens sagen wir 20 Briefe, Notizen und E-Mails vorfinden. Nun müssen Sie vor dem Hintergrund dieser Mails Ihren Tag organisieren. Die Nachrichten lauten beispielsweise wie folgt:

- Um 12 Uhr haben Sie einen Termin mit einem wichtigen Kunden.

- Ihr Chef möchte einen Bericht über das laufende Projekt.

- Ihre Frau bittet Sie, die Kinder um 12 von der Schule abzuholen.

- Die Kollegen haben für drei Uhr eine Feier zum Dienstjubiläum eines Vorgesetzten angesetzt.

- Um halb vier will eine Delegation eines wichtigen Lieferanten bei Ihnen vorsprechen.

- Um vier haben Sie einen Tennis-Platz reserviert.

Aus diesem Wust von Verpflichtungen, Informationen und Terminen müssen Sie nun Ihren Tag organisieren, und je nachdem, wie gut Sie diese Übung absolvieren, bekommen Sie die Stelle, auf die Sie sich beworben haben, oder nicht. Der Trick an diesen Übungen ist, dass Sie gar nicht alle Aufgaben, die man Ihnen da vor die Füße wirft, erledigen können (es sei denn, Sie sind Superman). Es geht bei dieser Übung nicht darum, alle Aufgaben zu erledigen, sondern die richtigen Prioritäten zu setzen.

Dazu kann man sich eines einfachen Instruments bedienen, der sogenannten ABC-Analyse. Wir unterteilen die Aufgaben nach Prioritäten in A-Aufgaben (sofort erledigen, wichtig), B-Prioritäten (wichtig, kann oder muss zur Not warten) und C-Prioritäten (kann warten, erledigt sich vielleicht von selbst oder bei Wiedervorlage). Im obigen Beispiel beispielsweise ist der Kundentermin ein A, der Tennis-Platz sicher verlockend, aber ein C. Welches Ereignis welche Note bekommt, hängt natürlich immer auch von den persönlichen Umständen und dem Zeithorizont ab, den man hat.

Zum Umgang mit E-Mails. Überlebenswichtig wird diese Technik in einem Job, in dem man pro Tag bis zu 60 oder 70 Mails erhält (als Journalist hat man das rasch zusammen). A-Mails beantworten Sie sofort, auf B-Mails setzen Sie einen Merker (da kümmere ich mich drum, aber nicht jetzt), und bei C-Mails hoffen sie, dass sich das von selbst erledigt. Allerdings sollten Sie, um nicht unhöflich zu sein, auch die C-Mails zumindest beantworten – mit der Bitte, sich zu einem späteren Zeitpunkt noch einmal zu melden oder mit einer freundlichen Absage.

Ähnlich sollten Sie es bei Ihrer Arbeitsorganisation machen: Klären Sie, welche Ihrer Aufgaben A, B oder C-Kategorie sind. Bei den C-Aufgaben gibt es drei Möglichkeiten: delegieren (schwierig, findet man immer einen Freiwilligen?), verschieben oder absagen. Dabei gilt wie gesagt: Die Prioritätensetzung hängt ab von den persönlichen Umständen und von der verfügbaren Zeit. Üben können Sie das mal mit der folgenden Postkorbaufgabe.

Eine Postkorbaufgabe zum Selbermachen

Nun hat man als Student in der Regel nicht die Verpflichtungen, die ein Manager hat, aber ein Blick in den Mail-Account eines Studenten zeigt, dass auch an der Hochschule rasch viele Verpflichtungen zusammenkommen. Da wären beispielsweise:

- *Freitagabend ist ein regelmäßiges Treffen in Ihrer Stammkneipe.*

- *Sie müssen sich bis Montagfrüh für das neue Semester anmelden.*

- *Ihr Smartphone meldet, dass einer Ihrer Kontakte sein Facebook-Profil aktualisiert hat.*

- *Freitagnachmittag ist eine Vorbesprechung Ihres Seminars.*

- *Ihre Eltern wollen Sie am Wochenende sehen.*

- *Die Bibliothek meldet, dass Ihre Fernleihe eingetroffen ist.*

- *Die Leihfrist für einige Ihrer Bücher läuft heute aus.*

- *Ihre WG plant eine Party und braucht Ihre Hilfe.*

- *Eine Mail von Ihrem Professor: Er will mit Ihnen sprechen.*

- *Ihr Dozent hat eine Zusatzveranstaltung zur Klausurbesprechung angesetzt.*

Wie bewerten Sie die einzelnen Verpflichtungen, wenn Sie a) gerade erst Ihr Thema bekommen haben und in sechs Wochen abgeben müssen oder b) es Freitagmittag ist und Sie bis acht Uhr abends abgegeben haben müssen, aber noch nicht fertig sind, oder c) Sie noch eine Woche Zeit bis zur Abgabe haben?

Wie sieht mein Schreibtisch aus? Auf jeden Fall nicht so, wie ich es einmal in einem großen Unternehmen erlebt habe: Der Schreibtisch eines – zugegebenermaßen exzellenten – Kollegen war komplett zugestellt mit Papier, nur ein kleiner Raum war noch frei für den Bildschirm und die Tastatur. Das Papier türmte sich auf dem Schreibtisch um fast einen Meter, und als ich einmal mit einem Vorgesetzten in diesem Chaos-Büro auf den Inhaber des Büros warten musste, schlug mir der Vorgesetzte ein Spiel vor: Jeder zog irgendwo aus den Papierstapeln ein Papier und blickte auf das dort notierte Datum, und wer das ältere Datum zieht, hat gewonnen. Ein Riesenspaß, bei dem die Jahreszahl 1992 gewann, soweit ich mich erinnere. Das Ganze spielte sich im Jahr 2004 ab.

Wie gesagt, der betreffende Kollege war brillant, aber für die meisten von uns gilt das nicht: Wir sind keine Genies. Wir beherrschen nicht das Chaos, sondern das Chaos beherrscht uns. (Zudem bleibt offen, ob der betreffende Kollege mit aufgeräumtem Schreibtisch nicht sogar noch besser gewesen wäre.) Also müssen wir dem Chaos Grenzen setzen und eine übersichtliche Arbeitsfläche schaffen. Das bedeutet auch, dass nur Dinge auf dem Schreibtisch stehen, die da auch hingehören, alles andere lenkt von der Arbeit ab.

Also: Auf den Schreibtisch gehören ein Rechner, Stifte und anderes Büromaterial, Lexika, Karteikarten, Fachbücher und Terminkalender. Nicht auf den Schreibtisch gehören Technikspielzeuge, Romane, Zeitschriften und Comics, das Poesiealbum, die Ordner und Dateien aus längst vergangenen Semestern (es sei denn, Sie benötigen sie aktuell noch) und erst recht nicht ein Fernseher und das Smartphone. Leider ist einer der größten Arbeitszeitzerstörer nicht vom Schreibtisch zu wischen, nämlich das Internet mit Facebook, Online-Spielen und anderen Zeitdieben. Zum Recherchieren ist das Internet ein unverzichtbares Werkzeug, wer aber nicht mehr recherchiert, sondern nur noch seinen Text zusammenschreibt oder Quellen liest, sollte sein Netz für die Dauer dieser Tätigkeiten ausknipsen.

Wie sieht meine Festplatte aus? Die moderne Version des Schreibtisches – beziehungsweise der Papierablage – ist die Festplatte. Auch hier gilt: Ordentliche Organisation ist die halbe Miete. Legen Sie entsprechende Ordner an, entrümpeln Sie Ihre Festplatte regelmäßig und machen Sie eine regelmäßige Datensicherung auf eine externe Festplatte. Die Dateien sollten Sie immer sprechend benennen und auch mit einem Datum versehen (beispielsweise „Hausarbeit Europa061112"), dann können Sie erkennen, wie alt die Version ist, die Sie gerade auf dem Schirm haben. Zudem haben Sie dann in den älteren Versionen Ihrer Arbeit immer noch einmal eine Datensicherung.

Eine weitere einfache Maßnahme der Datensicherung besteht darin, sich einen USB-Stick an den Schlüsselbund zu hängen, auf dem Ihre wichtigsten und aktuellsten Dateien sind. Sie sollten aber auch regelmäßige Datensicherungen auf einer externen Festplatte vornehmen, denn ein USB-Stick ist eigentlich nur zum Datentransport vorgesehen, er kann rasch Daten verlieren (beispielsweise, wenn man ihn zu schnell aus dem Schacht entfernt). Eine weitere Möglichkeit besteht darin, die aktuelle Datei an die eigene E-Mail-Adresse zu schicken, das hat zudem den Vorteil, dass man von überall aus auf sie zugreifen kann; ebenfalls geeignet ist die Datenspeicherung in Clouds oder bei Diensten wie Dropbox.

Was muss ich wissen? Ein paar Dinge sollten Sie schon wissen, bevor Sie anfangen. Neben dem Abgabetermin sind das weitere zeitliche Restriktionen wie Öffnungszeiten der Bibliotheken, Sprechstunden des Dozenten, andere Termine von Personen, die für Ihre Arbeit wichtig sind, zeitliche Restriktionen, die sich langfristig ergeben könnten, wo und wie man eine Fernleihe oder eine Datenbankrecherche in Auftrag gibt und wie lange das dauert, sowie die Öffnungszeiten des Copyshops und des DV-Zentrums, wo Ihnen im Zweifelsfall das Help-Desk Ihre Festplatte restauriert. Auch sollten Sie ein paar Freunde in der Hinterhand haben, die notfalls einmal bereit stehen, wenn es brennt. Ok, und die Nummer des Pizza-Lieferdienstes.

Wie plane ich meine Zeit? Machen Sie sich einen Stundenplan wie im folgenden Beispiel. Dort tragen Sie die festen Termine ein – Vorlesungen, regelmäßige Verpflichtungen und ähnliches, am besten in Blockform. Vorlesungen beispielsweise sind natürlich A-Kategorie. Wer im Arbeitsleben steht: Hier können das regelmäßige Besprechungen oder Kundentermine sein, oder bei Journalisten beispielsweise Blattmacherdienste (siehe unten). Diese festen Termine der A-Kategorie sind sozusagen unumstößlich, die restliche Terminplanung erfolgt um diese A-Termine herum. Hat man diese A-Termine eingeplant, so kann man nun die Zeiten festsetzen, die man für die Arbeit respektive den Artikel reserviert.

Ein fiktiver Stundenplan. Wo sind die A-, B- und C-Termine?

	Montag	Dienstag	Mittwoch	Donnerstag	Freitag	Samstag
07:00 – 08:00						
08:00 – 09:00			Vorlesung		Vorlesung	
09:00 – 10:00			Vorlesung		Vorlesung	
10:00 – 11:00						
11:00 – 12:00	Vorlesung					
12:00 – 13:00	Vorlesung					Einkaufen
13:00 – 14:00	Vorlesung					
14:00 – 15:00	Vorlesung					
15:00 – 16:00			Vorlesung		Job	
16:00 – 17:00			Vorlesung	Lerngruppe	Job	
17:00 – 18:00				Lerngruppe	Job	
18:00 – 19:00	Sport		Sport	Lerngruppe	Job	Sportschau
19:00 – 20:00	Sport		Sport	Family Guy	Job	Sportschau

Erstaunlich ist dabei, wie viel Zeit man auf diesem Weg gewinnt. Ein einfaches Beispiel: Montags ist in unserem Stundenplan ab elf Uhr Vorlesung – ein A-Termin. Ganz ehrlich: Die meisten von uns tendieren dazu, entsprechend Montags auszuschlafen, gut zu frühstücken und gegen elf zur Vorlesung zu trödeln. Das geht auch anders: Wenn man um halb sieben aufsteht und sich um sieben an den Schreibtisch setzt, kann man bis sagen wir 10:30 arbeiten, das macht dreieinhalb Stunden. Gehen wir von einem Semester aus, das 14 Wochen hat, so macht das unter dem Strich 49 Stunden Arbeitszeit, die man auf diesem Weg gewinnt – das ist mehr als eine ganze Arbeitswoche, die man nur durch ein wenig Disziplin gewinnt.

Also: Markieren Sie die freie Zeit entsprechend im Stundenplan (hier: von sieben bis elf) als B-Termin „Arbeit schreiben", den Sie je nach Dringlichkeit zum A-Termin aufwerten können. Damit ist diese Stunde blockiert und fixiert, das hat auch einen psychologischen Vorteil: Wenn Sie Montagfrüh aufwachen, müssen Sie nicht lange überlegen, ob sie Ihren inneren Schweinehund überwinden sollen und aufstehen – nein, in Ihrem Stundenplan steht, dass Sie da einen Lerntermin haben, also nicht nachdenken und nochmal im Bett rumwälzen, sondern aufstehen, frühstücken und anfangen. Sobald Sie beginnen, darüber nachzudenken, ob Sie aufstehen sollen oder nicht, haben Sie verloren. Wie gesagt: Unter dem Strich ist das eine ganze Arbeitswoche, die Sie so im Vorbeigehen eintüten.

Auch im folgenden fiktiven Tagesplan einer Zeitungsredaktion sieht man schön die Lücken, in denen man arbeiten kann sowie die unverrückbaren A-Termine – Andruck, eventuell Konferenz – und die Termine, die notfalls ausfallen können. Der Termin mit den Verbandsvertretern ist je nach Art des Treffens ein A-, B- oder C-Termin.

 Ein fiktiver Tagesplan in einer Zeitungsredaktion

Zeit	Aufgabe
08:00 – 09:00	Informieren: Agenturen lesen, Zeitungen studieren
09:00 – 10:00	9.15 kleine Konferenz zur Themenfindung
10:00 – 11:00	
11:00 – 12:00	Redaktionskonferenz
12:00 – 13:00	Termin mit Verbandsvertretern
13:00 – 14:00	
14:00 – 17:00	
17:00 – 18:00	Andruck

Wie Sie sehen, lässt dieser Stundenplan auch Raum für Sport, Job und Hobby – das muss auch so sein, wobei allerdings klar ist, dass das im Zweifelsfall C-Termine sind, die Sie zugunsten wichtigerer Termine auch absagen können. Hat die Lerngruppe beispielsweise am Donnerstag Verspätung, so sollte man auch mal in der Lage sein, auf seine geliebte Fernsehsendung („Family Guy") zu verzichten. Aber wenn Sie Family Guy schauen, dann tun Sie das nun bewusster, was den Genussfaktor erhöht – und das ist ja auch etwas wert.

In unserem Stundenplan sehen Sie, dass wir Mittwoch von zehn bis 15 Uhr Leerlauf an der Hochschule haben – wie geht man denn damit um? Falls Sie in der Nähe der Hochschule wohnen, dann reicht das durchaus, um nach Hause zu fahren und zu lernen, falls nicht, dann kann man auch in der Bibliothek lernen oder aber zumindest in den Katalogen der Bibliothek Literatur suchen, organisieren, kopieren, Sprechstunden beim Dozenten wahrnehmen – und ein Mittagessen mit Kommilitonen passt auch noch rein. Wenn man will, kann man jede Minute produktiv nutzen. Auch das sind wieder fünf Stunden – ziehen wir eine Stunde für das Mittagessen ab, so sind das bei 14 Wochen Semester 56 Stunden Arbeitszeit, die Sie sich organisiert haben.

Wer nun aber keine Hausarbeit schreibt, sondern tagesaktuell etwas anfertigen muss – einen Artikel, ein Impulsreferat, eine Nachricht – dann kann man dieses Schema durchaus auch nutzen, mit dem einzigen Unterschied, dass man nur die Blöcke an einem einzigen Tag hin- und herschieben muss (wie im Tagesplan der Zeitungsredaktion). Fixtermine sind dann beispielsweise Konferenzen, Termine mit dem Chef, und um diese Termine herum organisiert man sich die Zeit, die man braucht, um den Artikel zu schreiben.

Auch hier hat der frühe Vogel zumeist einen Vorteil: Gerade die Zeit vor zehn Uhr früh ist Im Geschäftsleben generell in der Regel recht produktiv, da Anrufe, Kollegen und andere Störfaktoren zumeist erst ab zehn Uhr eintrudeln. Wer viel zu tun hat, findet in den Morgenstunden am meisten Muße dazu. Und wenn es eng wird, beginnt der Tag eben einmal nicht um acht, sondern schon um sieben. Unschön, aber hilfreich und produktiv.

Aber wenn ich ein Langschläfer bin? Keine Frage, das sind nur Vorschläge, man muss auch den persönlichen Biorhythmus beachten. Wer morgens einfach nicht aus den Federn kommt, muss dann eben entsprechend die Stunden am Abend nutzen. Aber machen Sie sich keine allzu großen Hoffnungen: In den meisten Jobs müssen Sie morgens auf der Matte stehen. Das Arbeitsleben nimmt in der Regel wenig Rücksicht darauf, ob Sie den Biorhythmus einer Lärche oder einer Nachtigall haben.

Wie kontrolliere ich meinen Arbeitseinsatz? Am besten mit einer Excel-Tabelle: Notieren Sie darin jeden Tag die Stunden, die Sie gearbeitet haben. Notieren Sie auch die Stunden, die Sie nicht gearbeitet haben, und warum. Regelmäßig geführt, hilft Ihnen diese Tabelle auch, die Zeitdiebe zu identifizieren, die an jeder Ecke auf Sie lauern. Und setzen Sie noch eins drauf: Schreiben Sie jeden Montag auf, wie viele Stunden Sie planen, zu arbeiten, und vergleichen Sie am Ende der Woche diesen geplanten Wert mit dem tatsächlichen Wert. Das kann ernüchternd oder motivierend wirken, auf alle Fälle gibt es Ihnen einen realistischeren Eindruck Ihres Arbeitseinsatzes. Dabei gilt: Versuchen Sie nicht, alle Arbeitsstunden in die letzten Semesterwochen zu packen, alles auf den letzten Drücker zu erledigen. Druck hilft nicht. Oder?

Funktioniere ich unter Druck besser? Nein. Und noch einmal: Nein. Viele Menschen behaupten das, aber was Sie damit meinen ist nicht, dass Sie besser funktionieren, sondern dass Sie nicht anders aus den Startlöchern kommen. Niemand funktioniert gut, wenn er unter Druck ist. Versuchen Sie doch einmal folgendes: Beobachten Sie sich einmal dabei, wenn Sie das nächste Mal losrennen, um noch einen Bus, Zug oder gar ein Flugzeug zu erreichen – können Sie in so einer Situation kreativ, systematisch und logisch denken? Ehrlich?

Überschätzen Sie nicht Ihre Arbeitsfähigkeit, je nach Leistungsfähigkeit sind mehr als sieben Stunden netto Arbeitszeit am Tag nicht möglich. Was danach kommt ist selten effektiv und effizient. Planen Sie also auch systematisch Freizeit, Erholung, Sport oder was auch immer ein – diese Zeiten sind Erholungszeiten, die Sie auf Dauer leistungsfähiger machen. Das funktioniert allerdings nur, wenn Sie rechtzeitig anfangen. Wer den Startschuss verpasst und erst kurz vor knapp mit der Arbeit beginnt, hat keine andere Wahl, als Monsterschichten zu schieben – selten mit befriedigenden Resultaten.

„Mir kann das nicht passieren"

Verpasste Termine, zu spät gestartet, Arbeit verhauen? Falls Sie jetzt der Ansicht sind, dass Ihnen das nicht passieren kann, lassen Sie sich zumindest von den Ergebnissen psychologischer Forschung inspirieren. So haben Psychologen Studenten gefragt, wie lange sie brauchen, um ihre Hausarbeit abzugeben (Buehler, Griffin, Peetz 2010 und Buehler, Griffin, Ross, 1994). Das Ergebnis war deutlich: Im Schnitt benötigten die Studenten 55 Tage zur Abgabe der Arbeit – das waren 22 Tage mehr, als sie im Schnitt erwartet hatten. Nur ein Drittel der Studenten gab die Arbeit pünktlich entsprechend der eigenen Schätzung ab. Man bat die Studenten auch, zu schätzen, wie lange sie für die Arbeit brauchen, wenn wirklich alles schief läuft – sie verschätzten sich immer noch um ganze sieben Tage.

Interessanterweise gab es einen statistischen Zusammenhang zwischen den geschätzten Zeiten bis zur Abgabe und den tatsächlichen Abgabezeiten: Wer mit einer längeren Abgabezeit rechnete, brauchte auch länger – aber eben noch länger, als er geschätzt hatte. Um das zu übersetzen: Wenn Sie denken, Sie schaffen Ihre Arbeit in 33 Tagen, so rechnen Sie damit, dass Sie eher 55 Tage brauchen. Und wenn Sie die Zeit für Ihre Arbeit so planen, dass alles schief gehen kann – schlagen Sie noch einmal sieben Tage drauf. In der Literatur nennt man dieses Phänomen „Überoptimismus" – Menschen sind zu optimistisch, was ihre Erwartungen bezüglich der eigenen Person angeht. Die folgende Abbildung illustriert diesen Befund für Studenten, die verschiedene akademische Aufgaben (Hausarbeiten und ähnliches) erledigen mussten.

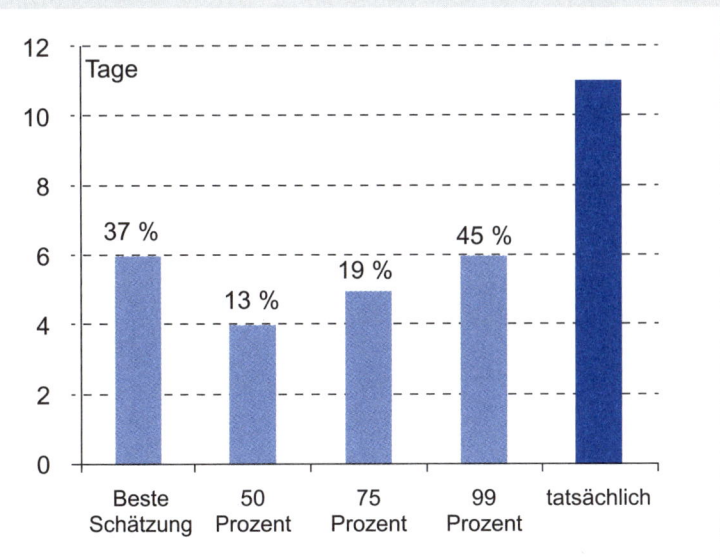

Vorausgesagte Abgabetermine für akademische Aufgaben (linke Skala), geschätzte Abgabezeit und tatsächliche Abgabezeit. Sie müssen diese Tabelle wie folgt lesen: Die Prozentzahlen unter den Balken geben an, zu wie viel Prozent sich die Studenten sicher

*waren, die Aufgabe in der Anzahl der durch den Balken angege-
benen Tage beendet zu haben; die Zahl über den Balken gibt an,
wie viel Prozent tatsächlich in dieser Zeit die Aufgabe bewältigten.
Wenn sich die Studenten also zu 50 Prozent sicher waren, dass
sie eine Aufgabe in 4 Tagen erledigen werden (zweiter Balken),
schafften es tatsächlich nur 13 Prozent aller Studenten, die Aufgabe in diesen 4 Tagen zu erledigen. Noch schlimmer: Wenn sich die
Studenten zu 99 Prozent sicher waren, die Aufgabe in sechs Tagen
zu erledigen, schafften es tatsächlich nur 45 Prozent, auch in sechs
Tagen abzugeben. Die tatsächliche Abgabezeit belief sich auf elf
Tage (dunkler Balken; Quelle: Buehler, Griffin, Peetz 2010, S. 9).*

*Perfekt illustriert dieses Phänomen des Überoptimismus ein Expe-
riment, das ich in einem Kurs durchführte: Ich fragte die Studenten,
wie man die Hauptstadt von Kentucky ausspreche – Louisville oder
Loueeville, und wie viel jemand bereit sei, darauf zu wetten, dass
er die richtige Antwort weiß. Ein Student war bereit, Haus und Hof
darauf zu verwetten, dass er die richtige Antwort weiß – und lag
daneben, denn die Hauptstadt von Kentucky heißt Frankfort. Ok,
jetzt können Sie natürlich sagen, dass das ein mieser Trick ist, aber
bemerkenswert daran sind zwei Dinge: Erstens die Vehemenz, mit der
der betreffende Student bereit war, darauf zu wetten, dass er die richtige Antwort weiß, und zweitens sein Geständnis am Ende der Vorlesung – er habe gerade ein Jahr in den USA verbracht. In Kentucky.*

Und wenn Sie jetzt glauben, dass das bei Ihnen anders ist, dass Ihnen
keine Nachtschichten daneben gehen, dass Sie auf jeden Fall pünktlich abgeben werden, dass Sie genügend Zeit haben und dass solche
Dinge immer nur anderen passieren – lassen Sie sich von diesen
Fakten zum Überoptimismus inspirieren.

Wie besiege ich den Grashüpfer in mir? Aber machen wir uns nichts
vor – die meisten von uns sind nicht so diszipliniert, geben vom
ersten Tag an Vollgas und ziehen ihre Aufgabe so konsequent durch.
Menschen neigen zu dem, was Fachleute „Prokrastination" nennen
oder Ökonomen unter dem Begriff „hyperbolisches Diskontieren" ab-
handeln. Der Volksmund nennt es Aufschieberitis: Ob Diäten, Sparen,
gesünder leben, Aufträge erledigen oder Hausarbeiten schreiben –
wir nehmen uns heute immer vor, morgen anzufangen, doch morgen
ist morgen wieder heute, weswegen wir dann übermorgen anfangen.
Resultat: Wir schieben solche unangenehmen Dinge immer weiter
auf. In der Literatur spricht man auch von der Grille, die lieber den

Sommer genießt und musiziert, statt für den Winter vorzusorgen – im Gegensatz zur fleißigen Ameise, die im Sommer schuftete und für den Winter vorsorgte. (Na, wie geht diese Fabel wohl aus?)

Forschungen zu diesem Thema zeigen deutlich, dass Menschen in der Tat gerne dazu neigen, unangenehme Dinge aufzuschieben – mit entsprechenden Folgen für Abgabetermine. Das sind die Menschen, die behaupten, dass sie unter Druck besser arbeiten können, was aber wie gesagt falsch ist: Sie beginnen nur unter Druck mit der Arbeit; besser werden die Resultate dadurch wohl eher nicht. Das klingt ein wenig wie ein 100-Meter-Läufer, der im Training nie Vollgas gibt, aber im Wettkampf, da dreht er richtig auf. Halten Sie das für eine gute Trainingsstrategie? Wohl kaum. Sie müssen etwas gegen die Grille in Ihnen tun. Aber was? Hier sind ein paar Vorschläge:

- *Die Gewohnheit ist Ihr Freund.* Das hatten wir schon: Machen Sie sich feste Zeitpläne, feste Termine, die verbindlich sind und als feste Lern- oder Arbeitszeiten gekennzeichnet sind. Wenn es eine Gewohnheit ist, dann denkt man nicht mehr darüber nach, und kommt auch nicht mehr in Versuchung, das auf später zu verschieben. Ein weiterer Vorteil ist, dass auch Ihr Freundeskreis dann weiß, dass Sie zu diesen Zeiten nicht verfügbar sind und keiner mehr auf die Idee kommt, vorbeizuschneien.

- *Einsamkeit macht faul.* Bilden Sie eine Lern- oder Arbeitsgruppe, eine Schicksalsgemeinschaft. Trifft sich diese Gruppe regelmäßig zu einem festen Termin, so muss man bei Absagen nicht nur für sich, sondern auch für die Gruppe eine Ausrede finden. Das macht das Schwänzen schwieriger.

- *Verpflichten Sie sich.* Überhaupt, verpflichten ist eine gute Idee. Setzen Sie sich selbst Termine für einzelne Fortschritte in Ihrer Arbeit, versprechen Sie Ihren Freunden oder Verwandten, was Sie bis wann erreichen werden. Im schlimmsten Fall setzen Sie Ihre Selbstverpflichtung ins Internet oder wetten mit Freunden, dass Sie die vereinbarten Fortschritte erreichen werden.

- *Belohnen Sie sich.* Arbeit braucht auch Belohnung, aber natürlich erst, wenn sie getan ist. Also: Setzen Sie sich ein Ziel, und versprechen Sie sich etwas, wenn Sie dieses Ziel auch erreichen. Da wäre beispielsweise der Samstag in unserem Beispiel-Wochenplan: Da sehen Sie ab 18 Uhr die Sportschau eingetragen. Auch das ist eine Art Belohnung, auf die man sich freuen kann, die einem das Arbeiten leichter macht. Wenn man den Tag aber verdaddelt hat, dann macht die Sportschau nur halb so viel Spaß. Falls Sie sich jetzt fragen: Muss ich Samstag arbeiten? Ja, müssen Sie. Ein Studium ist kein 35-Stunden-Job. Sorry. Und auch für Journalisten und andere Menschen mit Erfolgshunger gilt: Wenn Sie etwas erreichen wollen, müssen Sie ab und an auch am Wochenende ran.

- *Setzen Sie sich Arbeitsziele für jeden Tag.* Wenn Sie Ihren Wochenplan wie in unserem Beispiel aufgestellt haben, dann wissen Sie ja jeden Tag, wie viel Zeit Sie für Ihr Projekt verwenden werden. Stecken Sie sich jetzt ein gut definiertes Ziel, das Sie am Ende dieses Tages erreicht haben wollen und gehen Sie es an. Sie dürfen sich dabei ein wenig selbst beschummeln, indem Sie Ihre Ziele so stecken, dass Sie sie leicht übererfüllen können. Das gibt Ihnen am Ende des Tages ein besseres Gefühl, und bisweilen braucht man ein Erfolgserlebnis, das motiviert.

Mit diesen Tipps zur Überwindung der Aufschieberitis haben wir die mentalen Vorbereitungen abgeschlossen und es ist Zeit, mit der Recherche zu beginnen. Welche Quellen stehen uns denn zur Verfügung?

II. Quellen: Die Guten ins Köpfchen

Wie viele Quellen brauche ich? Falsche Frage. Ganz falsche Frage. Es geht nicht darum, wie viele Quellen Sie brauchen, sondern was Sie wissen müssen, um eine gute Arbeit oder ein gutes Stück oder einen guten Bericht zu schreiben. Dabei ist klar: Der Rechercheaufwand variiert je nachdem, was Sie schreiben. Eine Dissertation erfordert einen anderen Rechercheaufwand als eine Nachricht oder ein Kommentar. Und die verschiedenen Quellen und Recherchemöglichkeiten, die wir kennen lernen werden, lassen sich dementsprechend in eine Hierarchie einordnen: Quellen für den ersten Zugriff, den ersten Überblick; Quellen, um den Stoff etwas zu vertiefen; Quellen, um das Thema umfassender zu beleuchten; Quellen, um das Thema auszubauen. Schauen wir uns das einmal an. Starten wir mit der Recherche-Hilfe Nummer eins.

Darf ich Googeln? Machen wir uns keine Illusion, selbst wenn die Antwort aus fachlicher Sicht „nein" ist – natürlich werden Sie googeln, jeder tut das. Die Suchmaschine Google ist wohl das am meisten genutzte Rechercheinstrument, es wäre also illusorisch, Sie davon abzubringen, Google zu nutzen. Das ist auch nicht nötig. Natürlich ist Google eine tolle Quelle – wenn man sie richtig nutzt. Oder wie die Angelsachsen das formulieren: *A fool with a tool still remains a fool.* Auf gut Deutsch: Jedes Instrument ist nur so gut wie derjenige, der es nutzt. Also, wie nutzt man Google?

Zunächst einmal ist Google der Einstieg für Eilige: Wer rasch etwas abliefern muss – einen Artikel, ein Briefing, eine Nachricht – der kommt an Google kaum vorbei. Nicht alle Journalisten haben den Luxus einer hausinternen Datenbank und einer Recherche-Abteilung, die ihnen ein Dossier über das betreffende Thema liefern kann. Wer Zugriff auf so etwas hat und es nicht nutzt, hat dort, wo er ist, nichts verloren. Für die anderen, weniger Privilegierten bleibt der Griff zur Suchmaschine, der, richtig genutzt, auch dem Eiligen hilft. Ein paar einfache Regeln dazu:

- Oft tauchen bei der Suche zunächst die Webseiten von aktuellen Zeitungen und Zeitschriften auf. Grundsätzlich können Sie diese nutzen, um sich über aktuelle Entwicklungen und Details zu informieren, allerdings nicht für eine wissenschaftliche Arbeit. Dafür gibt es entsprechende Fachliteratur. Auch wer eine Nachrichtenmeldung verfasst, sollte diese Quellen nur als Ausgangspunkt nehmen – andernfalls schreibt er ja lediglich seine Nachricht aus einer anderen Nachrichtenquelle ab, das kann nicht der Anspruch eines Journalisten sein.

- Ein guter Anhaltspunkt, ob eine Webseite einigermaßen seriös ist oder nicht, ist die Endung der Adresse: Webseiten von Universitäten und Bildungseinrichtungen (Endung: .edu), von offiziellen Organisationen oder Regierungsinstitutionen (Endung: .org; bei EU-Institutionen .eu; bei amerikanischen Institutionen .gov) sind unverzichtbare Quellen – sowohl für die Hausarbeit als auch für die rasche Nachricht oder den aktuellen Artikel. Auch Forschungsinstitute sind eine gute Quelle. Generell gilt: Webseiten von Behörden und offiziellen Institutionen sind seriöse Informationsquellen, was aktuelle Daten und gesetzliche Regelungen angeht; hier findet sowohl der Student als auch der Journalist den Mehrwert, den er seiner Arbeit oder seinem Artikel geben muss. Für viele Themen sind offizielle Webseiten unverzichtbar – egal ob Hausarbeit oder Artikel und Nachricht. Also: Die Regelungen zum Euro-Rettungsschirm holt man sich nicht von www.postswitch.de/wissenswertes/der-euro-rettungsschirm.htm, sondern vom Bundesministerium der Finanzen.[1]

---

[1] Und zwar hier: http://www.bundesfinanzministerium.de/Web/DE/Themen/Europa/Stabilisierung_des_Euroraums/Stabilitaetsmechanismen/EU_Stabilitaetsmechanismus_ESM/eu_stabilitaetsmechanismus_esm.html (Zugriff: 18.11.2013).

- Keine zulässigen Quellen sind Webseiten von Privatpersonen, Chats, Online-Foren oder auch Homepages, von denen nicht klar ersichtlich ist, wer ihr Verfasser ist, welche Position er hat und welche Funktion er ausübt. Nichts gegen private Webseiten, da mögen bestimmt auch gute darunter sein. Aber ihre Verwendung wäre ungefähr so, als würden Sie in Ihrem Artikel oder Ihrer Arbeit Ihren Nachbarn zitieren, den Sie mal eben am Gartenzaun befragt haben – nur dass Sie den Verfasser der Webseiten nicht so gut kennen wie Ihren Nachbarn. Klingt nicht clever. Also: Bei jeder Webseite zuerst ein Blick ins Impressum: Wer betreibt sie, was macht er, welcher Institution gehört er an und welche Interessen verfolgt er? Hat die Webseite kein Impressum – dann fort damit. Oder wollen Sie Ihrem Chef erklären, dass die Grundlage für die Entscheidung zu einem wichtigen Projekt von einer dubiosen Webseite stammt, dessen Verfasser Sie nicht einmal kennen?

- Webseiten, die wissenschaftliche Studien zitieren, sind prima – aber nur mit Kontrolle. Suchen Sie die Originalstudie und schauen Sie sich diese an. Das schützt zum einen davor, dass Sie die Fehler einer anderen Quelle übernehmen, wenn diese die Studie falsch zitiert hat. Zum anderen kann man aus der Originalstudie Erkenntnisse gewinnen, die in der Webseite nicht erwähnt sind, für Ihr Thema oder Ihren Artikel aber hilfreich sind. Auch hier können Sie einen Mehrwert liefern, statt einfach blind eine Webseite abzuschreiben. Klare Ansage: Irgendwelche Webseiten abzuschreiben ist keine eigenständige Leistung, weder für eine Hausarbeit noch für einen journalistischen Artikel oder einen Report an die Geschäftsleitung.

- Sie finden die entsprechende Studie nicht? Oder einen anderen Fachartikel, der in einem Journal publiziert ist? Hier ein Trick: Oft veröffentlichen Autoren eine erste Version ihres Papiers als sog. Working Paper im Internet, bevor die endgültige Version in einem Journal veröffentlicht wird. An das Journal kommt man oft nicht ran, aber an die Vorversionen, die stehen oft noch im Internet. Geben Sie den Titel der Studie oder des Artikels ein und ergänzen Sie die Suchzeile um den Befehl „Filetype:pdf". Dann spuckt Google nur pdf-Dateien aus, die frei im Netz verfügbar sind und den Suchkriterien entsprechen. Darunter finden Sie viele wissenschaftliche Papiere und müssen sich nicht mehr durch die Fülle von Webseiten zu dem Thema wühlen. Damit finden Sie auch rasch andere wissenschaftliche Papiere zu diesem Thema. Klappt das auch nicht, bleibt noch eine letzte Möglichkeit: Oftmals stellen die Autoren oder die

Fachverlage zumindest Zusammenfassungen der Fachartikel ins Internet, das gibt wenigstens einen ersten Eindruck von der Quelle. Erscheint sie dann immer noch interessant, brauchen Sie andere Rechercheinstrumente, um an diese Quelle zu gelangen.

Es braucht schon ein wenig Übung und Routine, um erfolgreich zu suchen und zu erkennen, welche Quellen brauchbar sind oder nicht – Sie sollten also grundsätzlich jeder Quelle gegenüber ein gesundes Misstrauen an den Tag legen (immer einen Blick ins Impressum werfen). Gute Quellen sind solche, die klar den Autor und dessen Funktion erkennen lassen, die sich auf überprüfbare Fakten stützen und die dazugehörigen Quellen angeben, die klar zwischen den überprüfbaren Informationen und deren Interpretation trennen und deren Schlussfolgerungen logisch konsistent und mit den präsentierten Fakten und Zahlen kompatibel sind.

Ein paar Internet-Quellen zum Einstieg

- *Eine gute Quelle sind sogenannte Internet-Kataloge, die Sammlungen zu verschiedenen Themen enthalten, die teilweise kommentiert werden (z.B. internetbibliothek.de) oder auf bestimmte Themen ausgerichtet sind.*

- *Ein weiterer guter Start sind Linksammlungen (beispielsweise hier zu den Institutionen der Bundesrepublik: gksoft.com/govt/en/de.html und zu den Regierungen weltweit: gksoft.com/govt/en/), die Sie im Netz vielfach finden.*

- *Dann gibt es Einrichtungen wie Gepris (gepris.dfg.de), eine Suchmaschine, die alle geförderten Projekte der Deutschen Forschungsgemeinschaft (DFG) auflistet. Hier finden Sie Forschungsprojekte zu allen Themen. Als Journalist kann man auf diesem Weg Gesprächspartner aus der Wissenschaft für spezielle Themen finden.*

- *Etwas Ähnliches ist Researchgate (researchgate.net), ein soziales Netzwerk für Wissenschaftler, ebenso wie academianet (academianet.de): Hier finden Sie Profile von Wissenschaftlern.*

- *Anstatt hier haufenweise weitere Links zu nennen, die möglicherweise bald veraltet sind, ein einfacher Tipp: Geben Sie in Google eine Suchanfrage wie „Links für Ökonomen" oder „Links für Politikwissenschaftler" ein (je nachdem, in welchem Fachbereich Ihr aktuelles Projekt liegt), dann bekommen Sie jede Menge Seiten ausgewiesen, auf denen jemand solche Link-Sammlungen zusammengestellt hat. Um die Zahl der Resultate zu erhöhen, können Sie die gleiche Abfrage auch auf Englisch starten – die Ergebnisse sind in der Regel ausreichend.*

An den oben genannten Anforderungen scheitern jedoch viele Internet-Quellen. Deswegen: Je mehr Zeit Sie haben, umso weniger dürfen Sie sich auf Google als Informationsquelle verlassen. Die Google-Nummer ist nur etwas für Eilige und auch hier nur die letzte Hoffnung, wenn es gar nicht anders geht. Ansonsten ist Google nur ein Einstieg in die richtige Recherche. Aber neben Google kann man auch eine Fülle anderer Suchmaschinen nutzen, beispielsweise Metasuchmaschinen, die selbst wiederum verschiedene Suchmaschinen nutzen (beispielsweise metacrawler.com; metager.de, search. com; eine Übersicht findet sich bei metasuchmaschine.org). Weitere Suchmaschinen sind beispielsweise bing.de, yahoo.com, altavista. com, duckduckgo.com oder excite.com. Machen Sie einfach ein Experiment und geben Sie einen Suchbegriff bei den verschiedenen Suchmaschinen ein und vergleichen Sie die Ergebnisse. Das vermittelt rasch einen Eindruck von der unterschiedlichen Qualität der Suchmaschinen.

To wiki or not to wiki? Vor ein ähnliches Problem wie Google stellt uns die freie Online-Enzyklopädie Wikipedia – darf man die nutzen? Die Meinung in der Fachliteratur ist deutlich: Wikipedia ist keine wissenschaftliche Quelle, die man in wissenschaftlichen Arbeiten verwenden darf. Warum ist rasch erklärt: Jeder Internetnutzer darf auf Wikipedia Einträge verfertigen oder verändern, ohne dass man sicherstellen kann, wer das ist und welche Interessen er oder sie hat. Vorwürfe gegen Wikipedia gibt es viele, so soll beispielsweise die Presseabteilung von Siemens das Wikipedia-Porträt des Siemens-Vorstands Klaus Kleinfeld bearbeitet haben, Mitarbeiter des amerikanischen Kongresses sollen ebenfalls Einträge in ihrem Sinne geschönt haben, ein französischer Professor wurde irrtümlich für tot erklärt und etliche urheberrechtlich geschützte Artikel aus alten DDR-Lexika sollen ohne Herkunftsangabe den Weg in die Online-Enzyklopädie gefunden haben (vgl. Dirscherl 2006, zum Fall Kleinfeld vgl. Fraas, Pentzold 2008).

Aber befragen wir dazu doch Wikipedia selbst, unter dem Eintrag „Zitieren von Internet-Quellen":

„In wissenschaftlichen Arbeiten sollte auf das Zitieren von Wikipedia-Artikeln nach Möglichkeit verzichtet werden, da keine Garantie für den Inhalt gegeben werden kann. Zudem folgt Wikipedia derzeit nur

sehr rudimentär den Maßgaben des wissenschaftlichen Arbeitens und die Artikelqualität variiert stark, weswegen es als wissenschaftliche Quelle oft ausscheidet." (Wikipedia, o.J.)

Woran erkennt man wissenschaftliche Quellen?

Eine oft gestellte Frage, die nicht einfach zu beantworten ist – ein wenig Übung und Routine gehört schon dazu, um gute Quellen zu identifizieren. Aber ein paar Anhaltspunkte gibt es: Arbeiten, die von anderen Wissenschaftlern überprüft worden sind, erfüllen diese Kriterien, beispielsweise Dissertationen, Habilitationen, vor allem Artikel aus Fachzeitschriften. Ebenso Publikationen anerkannter Forschungsinstitutionen (Forschungsinstitute) und Arbeiten, die in renommierten Verlagen erschienen sind, aber auch Arbeiten namhafter Autoren, die beispielsweise eine Professur haben, bei großen, anerkannten Institutionen arbeiten und einen guten Ruf als Wissenschaftler genießen. Aber Vorsicht: Sie müssen jede Quelle hinterfragen. Auch Genies unterlaufen bisweilen Fehler, auch namhafte Wissenschaftler verfolgen bisweilen eine politische Agenda, und auch in renommierten Verlagen erscheinen dann und wann fehlerhafte Werke.

Das soll hier jedoch kein Wikipedia-Bashing werden: Sicherlich finden sich dort viele Artikel von guter Qualität, und sicher haben die meisten Autoren von Wikipedia die besten Absichten. Das ändert nichts daran, dass man nicht weiß, wer da welche Informationen aus welchem Interesse ins Netz gestellt hat – im wissenschaftlichen Arbeiten geht das gar nicht. Und auch als Journalist muss man sich fragen lassen, warum der Leser, Zuschauer oder Zuhörer sich Zeit für einen Beitrag nehmen soll, der einfach lässig aus dem Internet abgeschrieben wurde, ohne eine Bestätigung für die Inhalte zu haben. Das kann der Leser billiger haben, indem er statt die Zeitung zu kaufen einfach das Smartphone zückt. Eine bekannte Regionalzeitung druckt sogar Erläuterungen zu aktuellen Themen mit der Quellenangabe „Wikipedia" ab – eine journalistische Bankrotterklärung.

Also kein Wikipedia? Nein, außer zu einem Zweck: als Einstieg in das Thema, als erste Blitzinformation, um zu erfassen, worum es geht, welche Debatten geführt werden und welche Positionen sich zu dem Thema finden. Aber das ist nur der erste Schritt, alle weiteren Schritte erfolgen ohne die Wikipedia-Krücke. Das gilt erst recht für Reports an die Geschäftsleitung oder Impulsreferate für die Firma: Wollen Sie im Ernst Ihrem Chef erzählen, dass Sie Ihre Fakten auf Wikipedia recherchiert haben? Das ist ein Karrierekiller. Stellen Sie sich nur einmal vor, aufgrund Ihres Reports trifft Ihr Unternehmen eine Entscheidung, und dann geht es schief, weil Ihre Informationen nicht vollständig oder gar falsch waren. Und Sie entschuldigen sich dann damit, dass nicht Sie, sondern Wikipedia den Fehler gemacht hat. Autsch.

Wikipedia wirft vor allem in den Sozialwissenschaften Probleme auf – warum? In den Naturwissenschaften sind viele Dinge objektiv überprüfbar – das Atomgewicht von Uran, physikalische Formeln wie $E = mc^2$ oder der Aufbau der Doppelhelix. Auch historische Daten sind recht gut überprüfbar, weswegen man davon ausgehen kann, dass solche Sachen auch korrekt in Wikipedia wiedergegeben werden. In den Sozialwissenschaften ist das etwas komplizierter: Hier gibt es viele verschiedene Theorien und Argumente, deren Gewicht für die Erklärung eines Phänomens unklar ist und die vor allem auch leicht einer politischen Richtung zuzuordnen sind.

Nehmen Sie beispielsweise die Frage nach den Ursachen der Arbeitslosigkeit in Deutschland: Hier gibt es zahlreiche Theorien, die alle plausibel sind, vermutlich alle einen gewissen Erklärungsgehalt besitzen, aber teilweise sehr unterschiedliche Implikationen für die Politik haben. Hochlohnbedingte Arbeitslosigkeit als Diagnose spricht beispielsweise für eine zurückhaltende Lohnpolitik, keynesianische Arbeitslosigkeit, die durch einen Ausfall an Nachfrage entsteht, kann mit schuldenfinanzierten Staatsausgaben bekämpft werden. Und je nach politischer Couleur ist klar, dass jeder Mensch je nach seiner politischen Einstellung eher eine Vorliebe dafür hat, Arbeitslosigkeit als hochlohnbedingt oder als keynesianisch zu erklären. Wer also politisch motiviert ist, wird einen Wikipedia-Eintrag zur Arbeitslosigkeit anders aufziehen und präsentieren (der folgende Kasten zeigt das Problem näher auf). Natürlich müssen Sie damit rechnen, dass auch offizielle Institutionen (Gewerkschaften, Arbeitgeber) so agieren, aber hier wissen Sie im Unterschied zu Wikipedia, wer der Urheber der Information ist und Sie können seine Interessenlage einordnen und dementsprechend bewerten. Und auch der Leser Ihrer Arbeit kann anhand der Quelle, die Sie zitieren, diese entsprechend einordnen.

Natürlich sind auch Forscher in vielen Fällen politisch vorbelastet, so dass Sie auch hier keine Sicherheit haben, aber erstens werden Sie nach einer Weile Beschäftigung mit dem Thema auch hier erkennen, welche Richtung ein Forscher vertritt, und zweitens sind Wissenschaftler deswegen Wissenschaftler, weil ihre Schriften und Quellen sowie ihre Vorgehensweise wissenschaftlichen Standards entsprechen (daraufhin hat man sie jahrelang geprüft, andernfalls wären sie nicht ein Teil des Wissenschaftsbetriebs). Das verschafft Ihnen mehr Sicherheit als ein Text eines Ihnen völlig unbekannten Autors auf Wikipedia. Das selbständige Denken kann man Ihnen letztlich nicht abnehmen – genau das sollen Sie ja mit der Anfertigung einer solchen Arbeit lernen und beweisen. Und das lernen Sie nicht, wenn Sie blind bei Wikipedia abschreiben.

Hat Wikipedia politische Schlagseite?

Sind die Artikel auf Wikipedia politisch neutral? Die Ökonomen Shane Greenstein und Feng Zhu (2012) haben diese Frage für das englischsprachige Wikipedia statistisch untersucht und kommen zu einem eindeutigen Ergebnis: In der Summe sind die Wikipedia-Artikel ausgewogen, aber die Artikel für sich sind politisch unausgewogen. Bei rund 28.000 dieser Artikel konnten sie eine deutliche politische Schlagseite feststellen. Wie konnten sie das herausfinden? Um die politische Schlagseite eines Artikels zu ermitteln, untersuchten die Forscher den Sprachgebrauch dieses Artikels nach Phrasen, die üblicherweise von Republikanern respektive Demokraten gebraucht werden. Anhand dieses Sprachgebrauchs konnten sie feststellen, ob ein Artikel in seiner Sichtweise eher den Republikanern oder den Demokraten nahe war. Dann untersuchten sie die Revisionen der betreffenden Artikel (jeder Artikel auf Wikipedia wird permanent von Benutzern geändert) und schauten, ob sich die politische Schlagseite durch die Revisionen geändert hat. Das Ergebnis: In den frühen Jahren von Wikipedia waren viele der Artikel stark von der politischen Sichtweise der Demokraten geprägt, doch mit zunehmendem Alter schwächte sich diese politische Schieflage ab – dies allerdings nicht, weil die einzelnen Artikel objektiver geworden wären, sondern weil es zunehmend mehr Einträge mit gegenteiliger Sichtweise gab. Will heißen: In der Summe wurden die Artikel auf Wikipedia ausgewogener, aber nicht, weil alle Artikel ausgewogener wurden, sondern weil demokratisch geprägten Artikeln zunehmend republikanisch geprägte Einträge gegenüber standen. Ein einzelner Artikel ist daher also nicht unbedingt ausgewogen. Das klingt ein wenig nach der Definition des arithmetischen Mittels: Kopf im Backofen, Füße in der Tiefkühltruhe, aber im Durchschnitt stimmt die Temperatur. Zwar werden die Artikel auf Wikipedia beständig überarbeitet, aber bei dieser Überarbeitung ändert sich die politische Schieflage der Artikel kaum, schreiben die Forscher weiter.

Und wie steht es mit der Genauigkeit von Wikipedia-Artikeln? Becher und Becher (2011) verweisen auf zahlreiche Studien, in denen Wikipedia nicht schlechter abschneidet als etablierte Enzyklopädien und machen für diesen Befund die Weisheit der Massen verantwortlich: Stelle jemand einen fehlerhaften Artikel auf Wikipedia ein, so werde der Fehler rasch von anderen Nutzern korrigiert, die Masse der Nutzer sorge für korrekte Fakten und neutrale Artikel. Letzteres deckt sich nicht mit den obigen Befunden von Grennstein und Zhu. Holman Rector (2008) schätzt den Anteil der korrekten Informationen in Wikipedia nur auf 80 Prozent, verglichen mit 95 bis 96 Prozent bei anderen Quellen wie Encyclopaedia Britannica, The Dictionary of American History und American National Biography Online[2].

Für den Nutzer von Wikipedia ist der Befund von Becher und Becher (2011) allerdings nicht immer hilfreich (Lorenz 2011): Was, wenn man nun einen Artikel erwischt, der noch nicht revidiert worden ist, oder der gerade mal wieder revidiert worden ist? Jeder Wikipedia-Artikel hat viele Revisionen – welche davon ist denn nun die korrekte? Greift man gerade zufällig auf die „korrekte" Version des Artikels zu? Zudem muss man befürchten, dass sich bei der Revision der Artikel nicht immer die Wahrheit durchsetzt, sondern der hartnäckigste Nutzer, der am meisten Zeit für Revisionen hat. (Und warum hat dieser denn so viel Zeit, wenn er doch eine Koryphäe auf seinem Gebiet ist?). Bleibt noch ein letztes Argument gegen die Weisheit der Massen: Wenn die Masse so weise ist, wieso gibt es dann Massenpaniken und Börsencrashs? Das Wort „Herdenverhalten" hat einen wenig positiven Beigeschmack, und bei einer Herde entscheidet ja auch die Masse, wo es hingeht.

Letztlich verengt sich die Debatte um Wikipedia auf eine Frage: Braucht Wissenschaft ein fachliches Kontrollgremium aus Experten oder kann man sich darauf verlassen, dass die Masse immer weiß, was richtig ist? Spötter sagen, dass bei Gültigkeit letzterer Argumentation wir noch immer daran glauben müssten, dass die Erde eine Scheibe ist. Wissen könne man nicht mittels einer demokratischen Abstimmung publizieren und definieren. (Zudem ist fraglich, ob das demokratisch wäre, denn der typische Wikipedia-Nutzer repräsen-

---

[2] Becher und Becher zitieren eine Studie von Nature von 2005 und den „Stern" von 2007, ohne sonstige genauere Angaben. In einer wissenschaftlichen Arbeit wäre beides so nicht tragbar, Sie müssten erstens die volle „Nature"-Quelle nennen und zweitens den „Stern" als Quelle ignorieren. Überspitzt gesagt: Die Quelle, die Wikipedia die Qualität wissenschaftlicher Quellen bescheinigt, erfüllt selbst nicht die Anforderungen an eine wissenschaftliche Quelle.

tiert vermutlich nicht gerade den durchschnittlichen Bürger) Nicht zuletzt rügt Lorenz (2011) zu Recht die mangelnde Transparenz der Autorenschaft – man kann letztlich nicht erkennen, wer mit welchen Interessen hinter welchen Artikeln steht. Vielleicht lässt sich die Frage nach dem Vertrauen in Wikipedia mit einer anderen Frage beantworten: Würden Sie einer ärztlichen Behandlung vertrauen, die auf Wikipedia-Wissen basiert? Ganz ehrlich?

Und was ist mit Facebook? Klare Ansage: Nix ist mit Facebook. Wer hier nach Fakten sucht, kann auch gleich in seiner Stammkneipe recherchieren. Für journalistische Arbeiten allerdings ist Facebook (wie andere soziale Netzwerke) möglicherweise eine Quelle, weil man dort auf neue Trends, Ideen und Debatten stößt, welche die Menschen bewegt – das kann der Ausgangspunkt zu einer Berichterstattung werden. In diesen Fällen sind Plattformen wie Facebook so etwas wie ein soziales Stimmungsbarometer, ein digitaler Trendscout, den man als Journalist nutzen kann. Wissenschaftliche Arbeiten aber kann man darauf nicht aufbauen. Ein ähnlicher Indikator für Trends ist die Anzahl der Aufrufe eines Videos bei Youtube. Aber wie gesagt, das ist ganz und gar nicht wissenschaftlich, das ist eher ein Gang durch die virtuelle Nachbarschaft.

Was sind die nächsten Schritte? Hier gibt es jetzt mehrere Möglichkeiten, schauen wir sie uns einmal an:

Lehrbücher. Ein guter Einstieg sind Lehrbücher des betreffenden Fachs. Sie helfen dabei, das oftmals spezielle Thema, das man bearbeiten soll, grundsätzlich einzuordnen. Wer beispielsweise über „Transmissionsmechanismen in der Geldpolitik" schreibt, findet in einem einführenden Lehrbuch zur Geldpolitik und -theorie ein paar Absätze oder Seiten, welche die grundlegende Idee dieser Mechanismen erläutern, diese in den Kontext der Geldpolitik einordnen und Hinweise darauf geben, welche verschiedenen Theorien dazu existieren. Zumeist finden sich auch weiterführende Literaturhinweise. Das gilt auch für Artikel oder Essays: Wer zu einem Thema einen kurzen, fundierten Überblick abgeben will, macht keinen Fehler, sich auch einmal die Fachliteratur anzusehen – so viel Zeit kostet das auch nicht, und verglichen mit dem Erkenntnisgewinn lohnt es sich meistens.

Lexika. Ein weiterer Einstig führt über Lexika, Fachlexika und Fachhandwortbücher. Lexika dienen der ersten Orientierung, eventuell zieht man noch ein Fremdwörter-Lexikon hinzu. Fachlexika bieten einen themenbezogenen Überblick, Fachhandwörterbücher bieten mittels Übersichtsaufsätzen einen sehr guten Einstieg in ein Thema. Die Handwörterbücher finden Sie beispielsweise, indem Sie im Katalog Ihrer Bibliothek oder auf Google nach „Handwörterbuch" und dem Namen der gewünschten Disziplin suchen. Geben Sie beispielsweise „Handwörterbuch" und „Wirtschaftswissenschaften" ein, so werden Sie auf das Handwörterbuch der Wirtschaftswissenschaften verwiesen.

Offizielle Stellen. Vor allem für aktuelle Artikel und Reports sind Behörden und Verwaltungen unverzichtbar, also Informationen von Regierung, Bundes- und Landesministerien, sowie untergeordneten Behörden – das alles sind gute und seriöse Quellen, um sich ein Bild von der aktuellen Situation zu machen. Oftmals findet man auch aussagekräftiges Zahlenmaterial. Wer beispielsweise über den Bundeshaushalt schreibt, geht auf die Webseite des Bundesfinanzministeriums (bundesfinanzministerium.de) und findet dort Grafiken, Statistiken und auch den Monatsbericht des Ministeriums, der eine Fundgrube für aktuelle Daten ist.

Weiterhin hilfreich und oft nötig sind natürlich aktuelle Gesetze und Urteile. Dazu kann man – je nach Fall – das Bundesverfassungsgericht bemühen (bundesverfassungsgericht.de), das Bundesverwaltungsgericht (bundesverwaltungsgericht.de), den Bundesgerichtshof (bundesgerichtshof.de), den Bundesfinanzhof (bundesfinanzhof.de), das Bundesarbeitsgericht (Bundesarbeitsgericht.de) oder das Bundessozialgericht (bundessozialgericht.de). Ein weiterer Einstieg ist das Justizportal des Bundes und der Länder (justiz.de). Zumeist finden sich auch rasch über Google Gesetzestexte im Netz – allerdings müssen Sie dabei darauf achten, dass Sie immer die neueste Version erwischen. Wer international einsteigen will, probiert es beispielsweise beim Gerichtshof der Europäischen Gemeinschaften (curia. europa.eu), beim Internationalen Gerichtshof (icj-cij.org) oder beim Europäischen Gerichtshof für Menschenrechte (echr.coe.int/echr). Die Zahl der Institutionen, die hier in Frage kommen, ist riesig. Für die richtige Auswahl benötigen Sie ein wenig Gespür. Haben Sie bereits Einstiegsliteratur, so finden sich oft auch dort Hinweise darauf, welche Institution besonders relevant ist – wertvolle Hinweise wie diese dürfen Sie nicht unbeachtet lassen.

Fachspezifische Suchmaschinen. Eine weitere gute Idee sind fachspezifische Suchmaschinen wie beispielsweise Google Scholar (scholar. google.de), eine Suchmaschine, die sich auf wissenschaftliche Quellen konzentriert. Nach eigenen Auskünften sind das Seminararbeiten, Magister-, Diplom- sowie Doktorarbeiten, Bücher, Zusammenfassungen und Artikel von akademischen Verlagen, Berufsverbänden, Magazinen für Vorabdrucke, Universitäten und anderen Bildungseinrichtungen. Eine ähnliche Suchmaschine ist Scirus (scirus.com), eine Suchmaschine des großen Wissenschaftsverlags Elsevier, die von sich behauptet, mehr als 440 Millionen Seiten aus der Wissenschaft zu durchsuchen. Diese Suchmaschinen filtern nicht-wissenschaftliche Seiten heraus, was die Suche nach wissenschaftlichen Artikeln erleichtert. Welche der beiden Maschinen man nutzt, ist auch Geschmackssache, aber für den Umgang mit beiden ist ein wenig Fingerspitzengefühl vonnöten. Auch hier gilt: Übung macht den Meister.

Das Telefon. Wer tagesaktuell schreibt, greift zum Telefonhörer und ruft die Pressestelle derjenigen Institution an, die im Rahmen des Themas eine Rolle spielt. Aber auch als Student können Sie das einfach mal versuchen – nicht wenige Kommilitonen haben damit recht gute Erfahrungen gesammelt. Auch Interessenverbände und Lobbyorganisationen bieten viele Informationen, die allerdings mit Vorsicht zu genießen sind, da diese Leute ganz klare Eigeninteressen haben – das sind keine wissenschaftlichen Quellen.

Nachrichtenagenturen. Eine Option, die in der Regel nur Journalisten zur Verfügung steht, sind die Dienste von Nachrichtenagenturen. Dort werden den ganzen Tag über Nachrichten eingestellt, wobei man sich als Nutzer thematische Filter definieren kann, damit man nur die Nachrichten verfolgt, die für einen selbst wichtig sind. Zudem kann man hier auch ad hoc Suchanfragen definieren und bekommt alles geliefert, was die Agenturen zu den betreffenden Stichworten, die man eingibt, zu bieten haben. Die folgende Abbildung zeigt Ihnen ein solches System.

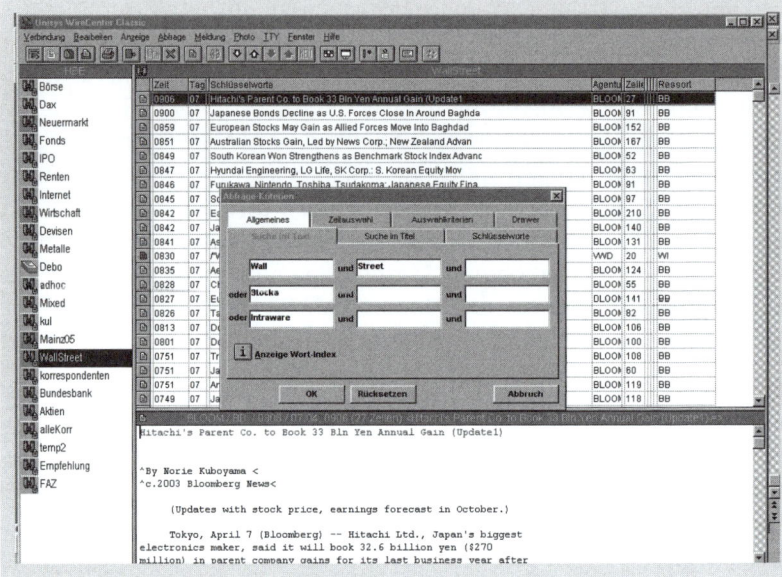

Ein Agentursystem für Redaktionen. Auf der Leiste in der linken Seite sind verschiedene Abfragen gespeichert, die man jederzeit aufrufen kann. Das Auswahlfenster zeigt, wie man Suchkriterien für solche Abfragen festlegen kann. Rechts die Nachrichtenzeilen, jede Zeile steht für eine Agenturmeldung, die man anklicken kann, um den Volltext zu erhalten.

Dies sind alles Quellen, die auch der Eilige noch nutzen kann und soll. Selbst wenn Sie tagesaktuell schreiben müssen, sollte immer noch Zeit bleiben, die Informationen der offiziellen Stellen zu recherchieren, die Gesetzeslage zu erfassen und wenigstens – falls nötig – einen kurzen Überblick über die akademische Debatte zu bekommen. Haben Sie mehr Zeit, folgen weitere Rechercheschritte. Schauen wir uns die einmal an.

 ## Netzwerke – Recherche für Journalisten

Wer im Journalismus arbeitet, hat zumeist wenig Zeit, vor allem hat er ein riesiges Problem: Er soll ja nicht schreiben, was schon alle wissen (was also schon irgendwo gedruckt ist), sondern Neuigkeiten verbreiten, die noch keiner kennt – und die stehen in keiner Quelle, auch nicht im Internet. Für Profis kein Problem, sie nutzen das mächtigste Rechercheinstrument, das ein Journalist haben kann: das Adressbuch.

Wer professionell ein Thema betreut, baut sich mit der Zeit einen festen Kreis von Informanten auf, die zu dem jeweiligen Thema kompetente Informationen liefern können, und zwar auf Zuruf und auch telefonisch. Zu diesem Zweck bilden Journalisten sich ein Netzwerk, verbringen möglichst wenig Zeit in der Redaktion, sondern sind unterwegs, treffen Leute, stellen Kontakte her, tauschen Visitenkarten aus und speichern (entweder im Kopf oder digital), welche Kontakte zu welchen Themen ansprechbar sind. Und wenn es dann brennt, zücken sie das Adressbuch und rufen einen dieser Kontakte an und bitten diesen um Informationen.

Klingt einfach, ist aber schwierig: Erstens müssen Sie an geeignete Gesprächspartner herankommen (nicht jeder plaudert häufig und gerne mit den Medien), Sie müssen sie kennen lernen und abschätzen können, ob Sie ihnen vertrauen können und ob sie kompetent sind. Sie müssen auch berücksichtigen, dass auch Ihre Gesprächspartner Eigeninteressen haben. Und schließlich muss Ihr Gesprächspartner auch ein Vertrauensverhältnis zu Ihnen aufbauen. Bei allem digitalen Schnickschnack und allen Social Media-Plattformen – ganz ohne persönlichen Kontakt wird das nicht funktionieren. Zudem müssen Sie Ihre Kontakte regelmäßig pflegen, sonst schlafen sie ein. Im besten Fall ist das dann so, dass die Kontakte zu verlässlichen Informanten werden und sogar Sie anrufen, wenn ein neues Thema aufkommt oder gerade etwas Spektakuläres im Gange ist, über das Sie berichten sollten. Journalismus ist eben ein Geschäft, das vom zwischenmenschlichen Faktor lebt.

Interviews. Für Journalisten, die ausführlichere Informationen und Meinungen zu einem Thema sammeln möchten, ist das Interview oft ein wichtiger Baustein der Recherche. Aber auch Studenten kommen manchmal in die Verlegenheit, ein Interview zu führen, beispielsweise, wenn es gelingt, einen Experten zum Thema der eigenen Abschlussarbeit zu befragen, oder aber bei systematischen Befragungen im Rahmen der eigenen Datenerhebung. Der folgende Kasten fasst ein paar Grundregeln zusammen, die es bei Interviews zu beachten gilt.

Grundregeln für Interviews

Zunächst einmal ist klar, dass Sie pünktlich sind und sich dem Umfeld des Gesprächspartners anpassen. Wer zum Bankvorstand eine Stunde zu spät in Camouflage-Hosen erscheint, hat etwas falsch gemacht. Für

den Ablauf des Interviews ist der Zeithorizont des Gesprächspartners entscheidend: Hat dieser wenig Zeit, so kommen Sie rasch zur Sache. Andernfalls können Sie es langsam angehen und erst einmal mit ein wenig Small-Talk beginnen. Das kann Ihren Gesprächspartner etwas lockerer machen – vor allem wenn er dem Interview eine hohe Bedeutung beimisst, etwa weil Sie ein wichtiges Medium repräsentieren. Wenn Ihr Gesprächspartner ein Profi ist, brauchen Sie keine Angst zu haben, dass es beim Small-Talk bleiben wird: Er wird Ihnen das sagen, was er Ihnen sagen will – wenn es sein muss, innerhalb von fünf Minuten. Auch zum Schluss können Sie ruhig das Gespräch noch einmal mit ein wenig Small-Talk ausklingen lassen. Oftmals kommen die besten Bemerkungen dann, wenn der Gesprächspartner sich entspannt, weil er denkt, dass das Interview jetzt vorbei ist. Grundsätzlich sollten Sie im Nachgang des Interviews die Zitate mit Ihrem Gesprächspartner abstimmen – das ist in beiderseitigem Interesse. (Allerdings erwartet Ihr Gegenüber auch, dass Sie ein Gespür dafür haben, was zitierfähig ist und was nicht – „off the record" nennt man das dann.)

Informationen über Unternehmen. Im beruflichen Umfeld, zum Beispiel bei Reports an die Geschäftsleitung oder bei Konkurrenzanalysen, spielen oft Zahlen und Informationen anderer Art über fremde Unternehmen eine Rolle. Auch in wissenschaftlichen und journalistischen Arbeiten sind handfeste Daten und Beispiele aus dem Wirtschaftsleben oft sehr nützlich. Belastbare Daten dieser Art bekommen Sie jedoch nur selten über die Rechercheansätze „Netzwerk" oder „Interview". Glücklicherweise finden Sie im Netz jede Menge Informationen zu Unternehmen, wenn Sie gezielt danach suchen. Der folgende Kasten fasst die besten Quellen und Rechercheansätze für Sie zusammen.

Recherche von Unternehmensinformationen

- *Wer über eine Branche als Ganzes forschen will, findet beispielsweise bei den Statistischen Landesämtern und dem statistischen Bundesamt viele Daten auf Branchenebene (inklusive der Online-Datenbank „Genesis", hier der Themenbereich 4 „Wirtschaftsbereiche).*

- *Detailliertere Informationen findet man bei den Industrie- und Handelskammern und den Handwerkskammern und bei den jeweiligen Verbänden (die finden Sie beispielsweise unter Verbaende.com). Gezielte Nachfrage bei Sparkassen und Volk- und Raiffeisenbanken hilft meist auch weiter, der Deutsche Sparkassen- und Giroverband bringt ebenso Branchenreports heraus wie der Bundesverband der Deutschen Volks- und Raiffeisenbanken.*

- *Generell sind Banken immer eine gute Adresse für Branchenreports, aber auch für Reports über einzelne Unternehmen, und zwar bei der Kapitalmarktberichterstattung: Viele Banken veröffentlichen Research über börsennotierte Unternehmen als Kaufempfehlung für deren Aktien – ein wenig Suche lohnt sich hier, oft findet man die Berichte auf Börsenplattformen und Plattformen von Online-Brokern.*

- *Direktere Informationen über einzelne Unternehmen bieten natürlich deren Geschäftsberichte, die auf der Webseite des jeweiligen Unternehmens in der Regel zugänglich sind (zumindest bei Aktiengesellschaften), oft unter einer Rubrik namens „Investor Relations".*

- *Es gibt im Netz aber auch Sammlungen von Geschäftsberichten wie beispielsweise annualreportservice.com oder www.geschaeftsberichte-portal.de.*

- *Unverzichtbar sind natürlich das Unternehmensregister (unternehmensregister.de) und der Bundesanzeiger (bundesanzeiger.de).*

- *Wer regelmäßig über bestimmte Branchen oder Unternehmen berichten muss, sollte auch die Newsletter abonnieren, die viele solcher Datenanbieter offerieren.*

- *Eine weitere gute Hilfe ist Google Alerts, hier können Sie automatische E-Mail-Benachrichtigungen zu ihren Suchanfragen erstellen. Sie erhalten dann regelmäßig per E-Mail Nachricht, wenn Google neue Informationen zu den von Ihnen eingegebenen Stichwörtern findet.*

- *Ebenfalls regelmäßig kann man sich über die jeweilige Branchenpresse informieren – einen Überblick finden Sie beispielsweise unter pressekatalog.de.*

Doch nun ist die Zeit überfällig – zumindest wenn Sie ein wissenschaftliches Thema zu recherchieren haben – für den nächsten großen Rechercheschritt: den Griff zur Bibliographie.

Was ist eine Bibliographie? Eine Bibliographie ist ein Verzeichnis, das einen Bestand an Literatur nach verschiedenen Kriterien ordnet – sozusagen ein geordneter Nachweis an verfügbarer Literatur. Allgemeinbibliographien nehmen die Titel aus allen Sachgebieten auf; ein guter Startpunkt für deutsche Titel ist die Deutsche Nationalbibliothek (dnb.de). Über libdex.com beispielsweise kann man ausländische Bibliotheken finden, um dann in deren Beständen zu suchen. Unter loc.gov findet man die Bibliothek des amerikanischen Kongresses. Einen guten Zugang zu den europäischen Bibliotheken finden Sie über die European Library (theeuropeanlibrary.org).

Darüber hinaus gibt es auch Spezialbibliographien, die gezielt wissenschaftliche Arbeiten wie Dissertationen oder Artikel aus Fachzeitschriften (auch neudeutsch „Journals" genannt) katalogisieren. Viele dieser Bibliographien sind kostenpflichtig, die meisten Hochschulen haben aber für Ihre Mitglieder einen Zugang, wenn sie sich über das Hochschulnetz einwählen. Je eher Sie sich über diese Werkzeuge informieren, umso besser – diese Werkzeuge sind zu mächtig, als dass Sie darauf verzichten könnten. Viele dieser Dienste bieten auch Artikel zum Online-Download an. Bequemer geht es nicht. Zudem stellen viele Universitäten mittlerweile ihre Dissertationen online, geben Sie einfach auf Google einmal „Dissertation" und „online" ein.

Kurzum: Die Möglichkeiten der digitalen Recherche sind riesig. Sie können mittlerweile in fast allen Bibliotheken der Welt recherchieren und nach Literatur suchen. Was Sie dazu benötigen, ist ein wenig Geschick im Suchen und ein wenig Ausdauer, um den jeweiligen Suchkatalog zu verstehen und souverän zu nutzen. Auch hier ist es die Übung, die den flinken Meister macht. Bisweilen haben Sie dann auch Glück und bekommen das gesuchte Dokument gleich online. Falls nicht, so sind weitere Anstrengungen notwendig. Eine Möglichkeit besteht darin, in Ihrer Bibliothek eine Fernleihe zu starten, das ist in der Regel relativ kostengünstig, kann aber eine Weile dauern – diese Zeit müssen Sie bei Ihrer Terminplanung berücksichtigen. Ein alternativer Weg führt über den Lieferdienst Subito (subito.de), der Texte als Kopie oder E-Mail versendet, Ausleihen ermöglicht und auch Eilbestellungen im Angebot hat. Die Preisliste finden Sie auf der Subito-Webseite. Alternativ können Sie bei Büchern natürlich auch den herkömmlichen Buchhandel bemühen. (Das ist natürlich ebenfalls eine Kostenfrage, aber Sie können das betreffende Werk ja anschließend wieder auf Amazon oder E-Bay verkaufen.) Aber es gibt noch eine andere Möglichkeit, an Quellen zu kommen, auch wenn die Ihnen jetzt vielleicht verwegen vorkommt: Wie wäre es mit einem Gang in die nächstgelegene Bibliothek?

Wagen wir den Gang in die Bibliothek. In Zeiten des Internet ist das zwar nicht mehr so üblich, es kann aber recht effektiv sein, erst einmal den Katalog der eigenen Bibliothek vor Ort zu durchkämmen und die Bestände der eigenen Bibliothek zu nutzen. Oft ist es auch erstaunlich ergiebig, einmal die Regale des Fachbereichs entlang zu schlendern und zu schauen, was da so rumsteht – in vielen Fällen landet man da recht gute Treffer, was daran liegt, dass die Bibliotheken sich bemühen, die Bücher thematisch anzuordnen. Auch ist es nie verkehrt, höflich zum Bibliothekspersonal zu sein, das bei Fragen oft prima weiter helfen kann.

Was sind Periodika? Jetzt steigen wir langsam tiefer ein: Wer weiter recherchiert, kommt nicht um sogenannte Periodika herum, also regelmäßig erscheinende Publikationen. Das sind vor allem Journals zu dem betreffenden Thema, in denen der aktuelle Forschungsstand zu einer Disziplin dokumentiert wird. Wer eine Hausarbeit oder eine Abschlussarbeit schreibt, kann auf diese Journals nicht verzichten. Die Liste der Zeitschriften ist unglaublich lang, eine Übersicht bietet die Elektronische Zeitschriftenbibliothek (rzblx1.uni-regensburg.de/ezeit/).

Was macht diese Journals so wichtig? Mehrere Dinge: Erstens finden Sie hier den aktuellen Stand der wissenschaftlichen Debatte. Außerdem bieten die Artikel auch eine gute Literaturübersicht über den bisherigen Stand der Forschung. Auch für Journalisten lohnt sich hier ein Blick, oft finden sich hier die Ergebnisse aktueller Forschung, die sich gut für einen Artikel eignen. Immer wieder publizieren Journals auch Artikel, die einen Überblick über den aktuellen Stand der Forschung zu einem Thema geben – das kann dann der Jackpot für Sie sein. (Die Ökonomen haben beispielsweise das *Journal of Economic Literature,* das auf solche Übersichten spezialisiert ist.) Wer hier einen Artikel zu seinem Thema findet, hat es im Folgenden deutlich leichter – Jackpot! Einen oftmals guten Überblick über den Stand der Forschung geben bisweilen auch Dissertationen oder Habilitationen, die diesen Überblick oft im ersten Teil der Arbeit leisten, bevor sie ihre eigenen Forschungen präsentieren. Die Forschung, die diese Dissertationen leisten, ist dann eher etwas für andere Forscher, aber die vorangestellten Zusammenfassungen sind oft eine prima Fundgrube.

Ein weiterer wichtiger Punkt besteht darin, dass die Artikel dieser Fachzeitschriften nicht ungesehen in den Druck gehen, sondern von anderen Experten zu dem betreffenden Thema gelesen und bewertet werden. Das ist vor allem in sogenannten „peer reviewed" Journals der Fall: Hier wird ein eingereichter Artikel nur dann veröffentlicht, wenn von den Herausgebern beauftragte Gutachter den Artikel für gut befinden. Das ist eine extrem starke Qualitätskontrolle, die vielen anderen Internet-Quellen (beispielsweise Wikipedia) fehlt und Journal-Artikel so wichtig für die Wissenschaft macht. In manchen Disziplinen und ausgewählten Wissenschaftsverlagen werden auch ganze Bücher einer derartigen Qualitätskontrolle durch „peer review" unterzogen, aber diese Bücher sind selten als solche ausgezeichnet, sodass im Einzelfall oft unklar ist, ob ein bestimmtes Buch vor Veröffentlichung von Experten begutachtet wurde oder nicht.

Da Artikel in wissenschaftlichen Journals sehr wichtig und ergiebig sind, bietet sich eine einfache Strategie an: In der Regel haben diese Journals Inhaltsverzeichnisse, teilweise auch Jahresregister, in denen alle Artikel eines betreffenden Jahrgangs vermerkt sind, bisweilen auch thematisch geordnet oder aber über Stichwörter zu finden. Hier lohnt es sich, die verschiedenen Jahrgänge einer Zeitschrift durchzusuchen und zu schauen, ob sich dort Artikel zum gesuchten Thema finden. Das kann sehr ergiebig sein und ist nicht sehr zeitaufwendig. Man geht in die Bibliothek, sucht das Regal, in dem die Jahrgänge der betreffenden Zeitschrift stehen und durchforstet diese Jahrgänge.

Damit haben wir die Bandbreite der möglichen Quellen erörtert. Die folgende Tabelle soll Ihnen noch einmal eine Übersicht und eine Checkliste für wissenschaftliche Quellen zur Hand geben.

Checkliste für wissenschaftliche Quellen

Kriterium	Bemerkungen
Autor genannt?	Kein Autor oder Herausgeber (also auch beispielsweise eine Institution) genannt? Vergessen Sie diese Quelle.
Autor oder Herausgeber bekannt/ renommiert?	Aus welchem fachlichen Umfeld stammt der Verfasser? Ist er eine Kapazität auf seinem Gebiet? Zeigt sein Lebenslauf, seine Beschäftigung oder seine akademische Laufbahn, dass er fachlich für das betreffende Gebiet kompetent ist?
	Institutionelle Herausgeber wie Verbände oder Stiftungen haben oftmals eine politische Voreingenommenheit (z.B. Parteienstiftungen), Interessenverbände (Lobbies) haben ebenfalls ein Eigeninteresse. Solche Quellen sind also zumindest mit Vorsicht zu genießen.

Kriterium	Bemerkungen
Alle Quellen nachgewiesen und genannt?	Ein Text ohne größeren Fußnotenapparat und Literaturverzeichnis ist unwissenschaftlich – ohne diese kann der Autor nicht nachweisen, woher er seine Informationen hat, damit lassen sich seine Behauptungen nicht überprüfen. Das ist nichts für wissenschaftliche Arbeiten.
Wissenschaftliche Quellen genutzt?	Wer einen Text nur auf Basis von Zeitungsartikeln und anderen unwissenschaftlichen Quellen verfasst, arbeitet nicht wissenschaftlich. Also: Zitiert die betreffende Quelle andere wissenschaftliche Quellen? Wenn nicht, dann sollten Sie von ihr Abstand nehmen.
Daten genutzt und deren Herkunft geklärt?	Belegt der Verfasser seine Thesen mit amtlichen Daten? Erläutert er die Herkunft der Daten und die statistischen Methoden, die er angewendet hat? Falls nicht – andere Quelle suchen.
Wurde der Text von dritter Seite her fachlich kontrolliert?	Artikel in wissenschaftlichen Journals, Dissertationen, Arbeiten aus Forschungsinstituten oder Arbeiten, die in renommierten Verlagen publiziert wurden, werden zumeist noch einmal fachlich begutachtet. Das zeichnet gute wissenschaftliche Quellen aus.
Renommierter Verlag?	Verlage, die Wert auf Ihre Reputation legen, prüfen Veröffentlichungen gründlicher. Das Verlagsprogramm und die Größe des Verlags können ein weiteres Kriterium sein. Der Verlagsort kann u.U. auch ein wichtiges Indiz sein (z.B. „Ost-Berlin, 1988").
Trennung von Meinung und Faktenbeschreibung?	Ein wissenschaftlicher Artikel formuliert zunächst eine These, legt dann sachlich die Fakten, Daten oder das Modell dar und zieht schließlich aus den dargelegten Fakten Rückschlüsse. Er behandelt außerdem auch fundiert mögliche Einwände.
	Quellen, in denen Dritte persönlich angegriffen werden, diffamiert werden oder Kritiker als unvernünftig oder Meinungen als selbstverständliche Tatsachen präsentiert werden, disqualifizieren sich selbst.

Noch einmal zurück zur Ausgangsfrage: Wie viele Quellen brauche ich?
Also gut, lassen Sie mich eine andere Antwort versuchen als beim ersten Mal. Wenn Sie immer wieder auf die gleichen Autoren und

Sachverhalte, auf die gleichen Argumente, Theorien und Verweise stoßen, dann haben Sie ausreichend recherchiert. Wer richtig recherchiert, wird im Verlauf seiner Recherche merken, dass bestimmte Artikel oder Autoren immer wieder genannt werden: Im Angelsächsischen spricht man von „seminal papers" – bahnbrechenden Arbeiten. Wer diese Artikel in seiner Arbeit nicht berücksichtigt – weil er zu wenig recherchiert hat – ist raus, er verpasst das Wichtigste an seinem Thema.

Natürlich richtet sich Ihr Rechercheaufwand nach der Aufgabe, die Sie bewältigen müssen. Wer also nur einen Tag Zeit hat, wird nicht in Online-Katalogen forschen. Wer eine Abschlussarbeit schreibt, muss in ihnen forschen. Die folgende Tabelle zeigt Ihnen, welche Quellen welcher Aufgabe zugeordnet sind:

 Adressaten und verwendete Quellen

Adressat/ Form	Aufgabe	Medium	
Nachricht, Impulsreferat; Report	Erster Überblick: nur die wichtigsten Fakten	Aktuelle Zeitschriften und Magazine, Pressestellen	
Berichterstattung, Essay, Kommentar	Detaillierterer Überblick: Meinung bilden auf Basis relevanter Fakten	Aktuelle Zeitschriften und Magazine, Pressestellen, Gesetze, Ministerien, Behörden	Zunehmender Zeitbedarf; zunehmender Bedarf an Quellen
Hausarbeit, Abschlussarbeit	Wissenschaftlicher Anspruch: Ausarbeitung aller Theorien, Argumente mit empirischen Ergebnissen	Bibliotheken, Bibliographien, Fachsuchmaschinen, Periodika	
Dissertation, Habilitation	Forschung: eigene neue Erkenntnisse, Weiterentwicklung eines Forschungsbereichs	Bibliotheken, Bibliographien, Fachsuchmaschinen, Periodika, Dissertationen, Habilitationen, eigene Forschung	

Zu guter Letzt zeigt Ihnen die folgende Tabelle ein paar Quellen, die ungeeignet sind. Wenn Sie damit genug über Quellen erfahren haben, können wir nun überlegen, wie Sie verhindern, dass Sie von der Fülle der Informationen erschlagen werden.

Ein paar nicht-wissenschaftliche Quellen zum Thema „Droht Europa Inflation?"

Quelle	Kommentar
Gustav A. Horn: Das Ende droht – Rettung naht; Institut für Makroökonomie und Konjunkturforschung; Hans Böckler-Stiftung; URL: http://www.boeckler.de/imk_33663_39605.htm	Scheint wissenschaftlich zu sein, ein Institut, und Herr Horn hat auch einen Professorentitel. Aber: Die Hans-Böckler-Stiftung ist (laut Impressum der Webseite) „…das Mitbestimmungs-, Forschungs- und Studienförderungswerk des DGB". Hier müssen Sie interessengeleitete Informationen erwarten. Zudem hat die Quelle kein Literaturverzeichnis.
Droht Europa eine Mega-Inflation?; URL: http://www.bb-dfc.de/viewtopic.php?f=23&t=319	Die Webseite gehört zum „DFC-Hideout: Plauderforum mit Arcade- Spielen", keine Autoren, keine Literatur, Rechtschreibfehler in Mengen – lassen Sie sich damit bloß nicht erwischen. Das Wörtchen „Mega" deutet bereits auf einen unwissenschaftlichen Ansatz hin.
Hahn, Tino: Der Welt droht keine Inflation, sondern eine andere Gefahr; Gevestor Finanzportal; URL: http://www.gevestor.de/details/der-welt-droht-keine-inflation-sondern-eine-andere-gefahr-3369.html	Zwar kennen wir den Verfasser, Gevestor aber ist keine Forschungseinrichtung, keine renommierte Institution. Der Text hat außerdem keine Fußnoten, keine Literaturangaben – Finger weg.
Straubhaar, Thomas: Übertreibt es nicht mit der Inflationsangst!, Stern.de; URL: http://www.stern.de/wirtschaft/news/wochenmarkt-die-wirtschaftskolumne-uebertreibt-es-nicht-mit-der-inflationsangst-1871168.html	Herr Straubhaar ist ohne Frage ein renommierter Ökonom, aber das hier ist eine Kolumne ohne Literaturangaben oder aussagekräftige Daten. Kolumnen und Kommentare sind publizistische Meinungsäußerungen, keine wissenschaftlichen Quellen. Und der

Quelle	Kommentar
	„Stern" ist auch kein referiertes Fachjournal. Auch das Ausrufezeichen im Titel deutet schon daraufhin, dass es hier eher wenig wissenschaftlich zugeht.
Müller, Michael: Eurokatastrophe: Die Auswirkungen der Eurowährung in Deutschland; URL: http://www.euroabschaffung.de/euro/eur.htm	Es wird nicht klar, wer Michael Müller ist, noch, welche Position er hat. Keine Literaturangaben. Noch ein Blick ins Impressum, da steht: „Die Seite ist nicht wirklich ernst gemeint". Aha. Noch Fragen?
o.V.: Energiekosten treiben Teuerungsrate in die Höhe, Focus Online; URL: http://www.focus.de/finanzen/news/wirtschaftsticker/2-0-prozent-inflation-energiekosten-treiben-teuerungsrate-in-die-hoehe-_aid_808999.html	Das ist ein tagesaktueller Artikel über die jüngste Entwicklung der Inflationsrate, den kann man allenfalls verwenden, um einen aktuellen Trend aufzuzeigen (obwohl das auch die Daten des Statistischen Bundesamtes tun). Als wissenschaftliche Quelle geht das nicht.

III. Suchstrategien: Lawinen im Dschungel

Wo soll ich anfangen? Das ist fast egal. Hauptsache, Sie fangen an, viele Wege führen zum Ziel. Man beginnt bei der Literaturrecherche erst einmal damit, viele lose Enden zusammen zu knüpfen. Wie im vorherigen Kapitel erläutert, sind Google und (bei wissenschaftlichen Arbeiten) einführende Lehrbücher ein guter Einstieg, ab da aber muss man – so die Arbeit es erfordert – weitere Wege zurücklegen. Welche Wege bieten sich an? Einen Weg haben wir implizit bereits beschritten – das Suchen in Datenbanken.

Suchen in Datenbanken. Mit „Datenbanken" seien hier auch die Suchmaschinen im Internet gemeint, die ja letztlich auch eine Art Datenbank darstellen. Das Problem ist in jedem Fall das Gleiche: Da steht ein riesiger Berg von Daten und eine dumme Maschine, mit deren Hilfe wir die für uns relevanten Informations-Stecknadeln aus diesem Berg herauspicken wollen. Dumm sind diese Maschinen natürlich – sie können nur zwischen Null und Eins unterscheiden. Und sie haben nicht die geringste Ahnung, was Sie suchen, meinen, wünschen und benötigen (und es ist ihnen egal, dass wir sie anschreien). Wenn Sie also Unfug in den Rechner eingeben, kommt auch nur Unfug heraus. Wer beispielsweise nur „Euro-Krise" in Google eingibt, bekommt mehr als 12 Millionen Ergebnisse ausgeworfen, bei „Euro-Bonds" sind es 51 Millionen – das ist ungefähr so hilfreich wie ein Löffel, um einen See trocken zu legen. Wir müssen unsere Suche also einengen. Dazu gibt es ein paar einfache Hilfestellungen[3]:

Ein paar einfache Tipps zur Suche in Datenbanken

- *Die einfachste Variante besteht darin, nach mehreren Begriffen zugleich suchen zu lassen (in der Sprache der Datenbanken ist das der AND-Operator, es müssen also beide Begriffe zugleich vorkommen). Geben wir beispielsweise Euro-Krise und Euro-Bonds zusammen in der Suchmaschine ein, so reduziert sich die Anzahl der Treffer auf rund 412.000. (Bei Google ist die Standardeinstellung AND: Geben Sie dort zwei Begriffe ein, so werden automatisch Seiten gesucht, die beide Begriffe enthalten.) Schon besser. Je mehr Begriffe Sie gleichzeitig suchen lassen, umso mehr verengt sich die Zahl der Quellen. Die Kunst dieser Suche besteht darin, die richtigen Schlagwörter zu finden. Eine Option, welche die Zahl der Treffer steigert, besteht darin, die Suchbegriffe auch auf Englisch einzugeben – eine äußerst ergiebige Variante.*

- *Man kann aber auch Seiten suchen, die mindestens einen der beiden Begriffe enthalten soll. Geben Sie „Euro-Krise OR Euro-Bonds" in Google ein, so erhalten Sie alle Seiten, die einen der beiden Begriffe enthalten.*

- *Alternativ kann man auch Ergebnisse ausschließen – Sie wollen beispielsweise alle Euro-Krisen-Seiten, aber ohne Euro-Bonds, so geben Sie bei Google „Euro-Krise AND NOT Euro-Bonds" ein, das bringt alle Seiten zur Euro-Krise, die nichts zu Euro-Bonds enthalten (Sie können auch einfach ein Minus-Zeichen vor dem Wort platzieren, das Sie ausschließen wollen). Diese Form der Suche kann recht hilfreich sein, wenn man bei einer Themen-Suche immer wieder auf einen Aspekt des Themas stößt, der unwichtig ist, der aber immer wieder in der Suche mit aufpoppt.*

---

[3] Etwas zu den Grundlagen des Suchens bei Google: http://www.google.de/intl/de/help/basics.html (Zugriff: 18.11.2013).

- *Ein mächtiges Instrument sind die Anführungszeichen („ "): Geben Sie eine bestimmte Wendung in Anführungszeichen ein, beispielsweise „Nein zu Euro-Bonds", so liefert Google nur Seiten, auf denen exakt diese Redewendung steht.*

- *Sie können Platzhalter verwenden: „Das * gewinnt" mit dem Sternchen als Platzhalter liefert alle Ergebnisse, in denen ein Wort von „Das" und „gewinnt" eingeschlossen ist, beispielsweise Ergebnisse wie „Das wir gewinnt" oder auch „Das Bier gewinnt".*

- *Mit dem zusätzlichen Befehl „filetype:pdf" beispielsweise finden Sie nur Dokumente im pdf-Format. Das kann sehr hilfreich sein, wenn Sie Literatur zu einem Begriff suchen, aber keine Webseiten sehen möchten, die sich auch mit diesem Begriff beschäftigen. So finden Sie leichter Fachartikel. Sie können hinter den Doppelpunkt natürlich auch andere Dateiendungen stellen, beispielsweise „xls" für Excel-Dateien (bzw. „ods" bei OpenDocument-Tabellen), „ppt" (bzw. „odp") für Präsentationen oder „doc" (bzw. „odt") für Word-Dateien.*

- *Mit der Funktion „related" können Sie ähnliche Webseiten suchen. Also: Geben Sie beispielsweise „related:diw.de" ein (das DIW ist ein Forschungsinstitut), so erhalten Sie Webseiten anderer Forschungsinstitute.*

- *Unter der Rubrik „Suchoptionen" können Sie Ihre Suche weiter eingrenzen.*

Wie gesagt, es erfordert ein wenig Geschick und Training, um die richtigen Suchbegriffe zu finden – wenn Sie hier nicht aufpassen, ersticken Sie im Datendschungel. (Die grundsätzliche Logik solcher Suchen – AND, OR usw. – ist in allen Datenbanken gleich, bisweilen ändern sich lediglich die Operatoren, mit denen man arbeitet.) Aber wir hatten uns ja auch schon geeinigt, dass wir nicht bei Google stehen bleiben dürfen. Wie geht es weiter? Ein sehr gebräuchlicher Weg ist das, was Profis als „Schneeballsystem" bezeichnen.

Das Schneeballsystem. Der Grundgedanke des Schneeballsystems ist einfach: Man findet zum Einstieg eine Quelle zum Thema (bisweilen gibt der Dozent noch sogar eine Quelle vor) und nimmt sich das Literaturverzeichnis dieser Quelle vor – dort finden sich ja naturgemäß weitere Quellen zum Thema, die man dann prüft. Im Extremfall muss man also aktiv nur eine Quelle suchen und entnimmt aus dieser

Quelle alle weiteren Quellen, Suchmaschinen und Bibliothekskataloge sind überflüssig. Eine gute Idee?

Kommt darauf an. Zunächst einmal ist klar, warum man das Schneeballsystem nennt: Hat man eine Quelle gefunden, erschließen sich alle weiteren Quellen aus dieser einen Quelle. Das können am Ende ganz schön viele werden. Denn man kann über die Quellen, die man über die Einstiegsquelle gefunden hat, weitere Quellen finden, indem man wiederum das Literaturverzeichnis plündert. Und im Extremfall schöpft man aus den Quellen, die man aus der Quelle, die man von der Einstiegsquelle hat, weitere Quellen – und so weiter und so weiter. Daraus wird im Extremfall eine Zitierlawine, die einen rasch verschütten kann.

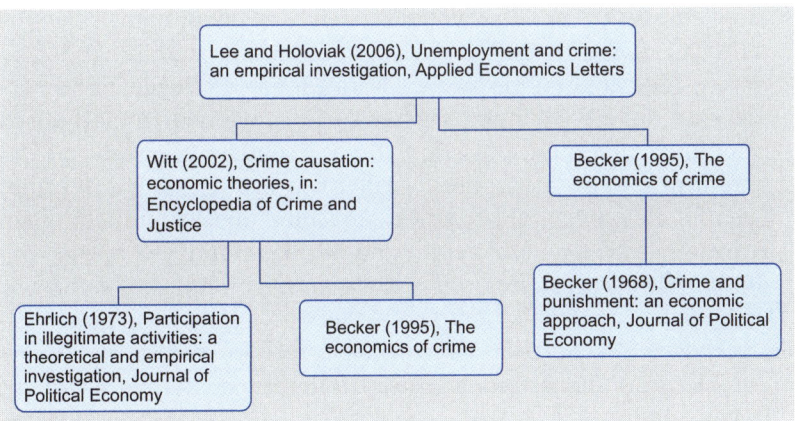

Das Schneeballsystem. Wir starten mit der Quelle von Lee und finden dort die Quelle von Witt sowie den Artikel von Becker. Besorgen wir uns diese beiden Quellen, so führen uns deren Literaturverzeichnisse zu weiteren Quellen.

Die obenstehende Abbildung verdeutlicht das Schneeballsystem: Wir haben zum Einstieg die Quelle von Lee gefunden, und dort im Literaturverzeichnis sind wir auf die Quellen von Witt sowie Becker gestoßen – macht schon drei Quellen. Aus dem Literaturverzeichnis von Witt kam die Quelle von Ehrlich und die Quelle von Becker dazu. In der Becker-Quelle selbst sind wir auf eine weitere Quelle von Becker (1968) gestoßen. Schwups, schon haben wir fünf Quellen. Und wenn wir das Literaturverzeichnis von Ehrlich durchstöbern, finden wir bestimmt auch noch ein paar Quellen.

Eine gute Sache? Grundsätzlich ist das nicht verkehrt, denn wie nebenbei haben wir einen Artikel des Nobelpreisträgers Becker als offenbar recht wichtige Quelle für unser Thema entdeckt – wenn sie in mehreren Artikeln zitiert wird, muss sie eine entsprechende Bedeutung haben, sie ist also eines dieser „seminal papers", von denen wir schon gesprochen haben.

Dennoch, ein paar Probleme hat die Suchmethode Schneeballsystem:

- Zunächst einmal finden Sie auf diesem Weg nur Quellen, die älter sind als die Einstiegsquelle. Je weiter Sie in der Hierarchie nach unten kommen, umso älter werden die Quellen. Ist die Quelle, mit der Sie starten, alt, werden Sie nur mit Literatur aus der Steinzeit arbeiten.

- Möglicherweise ist die Quelle Teil eines sogenannten Zitierkartells, bei dem sich einige Wissenschaftler nur untereinander zitieren, aber systematisch die Literatur von Kollegen auslassen, die eine andere Meinung vertreten. Die folgende (hypothetisch gemeinte) Abbildung illustriert dieses Problem: Wir sind nur der Literatur gefolgt, die in dem Artikel von Lee zitiert wurde. Aber Lee und diejenigen, die er zitiert, beachten überhaupt nicht einen Forschungsstrang, den Papps und Winkelmann vertreten. Von diesem Literaturast sind wir sozusagen abgeschnitten, wenn wir uns nur auf die Quelle von Lee verlassen. Solange wir nicht weitere eigene Recherchen durchführen, werden wir diesen Zweig der Literatur nicht finden. Unsere Literaturrecherche ist damit unvollständig.

- Das gilt auch für die eigene Meinungsbildung: Wer nur Artikel einer bestimmten Richtung findet, verpasst rasch, dass es auch ganz andere Meinungen über das Thema gibt, das man bearbeitet.

- Genau so dumm ist es, wenn der Artikel, mit dem Sie starten, nicht ganz genau Ihr Thema trifft – dann besteht die Gefahr, mit jeder Quelle, die Sie mit Hilfe dieses Artikels finden, weiter weg von Ihrem Thema zu driften. Wer mit dem falschen Artikel startet, braucht sich nicht zu wundern, dass er daraufhin nur weitere falsche Artikel findet.

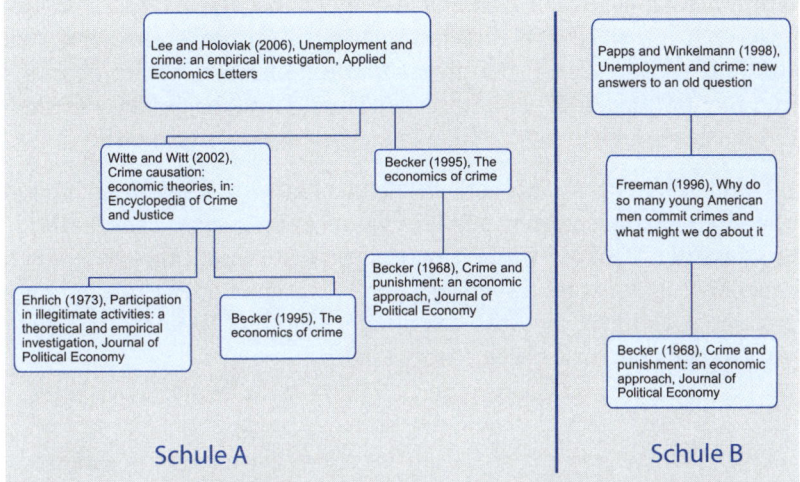

Die Sache mit dem Zitierkartell. Wenn Lee die Forschungsergebnisse von Papps und Winkelmann nicht kennt oder ignoriert, so werden Sie in Lees Literaturverzeichnis auch keinen Hinweis auf Papps und Winkelmann finden. Wenn Lee darüber hinaus nur solche Quellen zitiert, die Papps und Winkelmann ignorieren, dann werden Sie auf Basis des Schneeballsystems deren Forschungsergebnisse nie finden. Das kann mächtig nach hinten losgehen.

Soll man also nicht mittels Schneeballsystem suchen? Natürlich kann man diese Methode nutzen, aber nicht als einzige Suchmethode. Es gibt ja noch mehr Möglichkeiten, beispielsweise die Suche nach Artikeln, die einen Artikel zitieren – sozusagen eine vorwärts gewandte Schneeballsuche.

Schneeballsuche nach vorne. Die Idee ist einfach: Im Schneeballsystem sucht man rückwärtsgewandt, man sucht also Quellen, die von der Einstiegsquelle zitiert werden. Aber warum nicht nach Quellen suchen, die sich auf unsere Einstiegsquelle beziehen, sie also zitieren? Das geht natürlich nicht, indem man sich die Einstiegsquelle ansieht – die kann ja nicht wissen, wer sie später einmal zitieren wird. Aber zum Glück gibt es heutzutage Software für so etwas.

Die richtig große Nummer ist der Science Citation Index (SCI)[4], der protokolliert, welche Artikel von wem zitiert werden. Also: Wir haben beispielsweise den Artikel von Lee zu unserem Thema gefunden,

---

4 http://thomsonreuters.com/products_services/science/science_products/a-z/science_citation_index (Zugriff: 18.11.2013).

dann suchen wir über den SCI Arbeiten, die den Artikel von Lee zitieren – die werden wahrscheinlich auch mit unserem Thema zu tun haben. Der Vorteil bei dieser Methode besteht darin, dass wir nun nicht ältere Artikel zu unserem Thema finden, sondern Artikel, die neuer sind als unser Artikel (sie zitieren ihn ja schließlich).

Die anderen Kritikpunkte, die das Schneeballsystem betreffen, gelten aber auch bei dieser Methode. Ein weiteres Problem dieser Methode ist, dass der SCI kostenpflichtig ist. Nicht alle Bibliotheken können sich den Zugang zum SCI leisten, und Privatleute oder Unternehmen erst recht nicht. Also: Geht das auch günstiger? Es geht, und zwar mit Google Scholar (scholar.google.de).

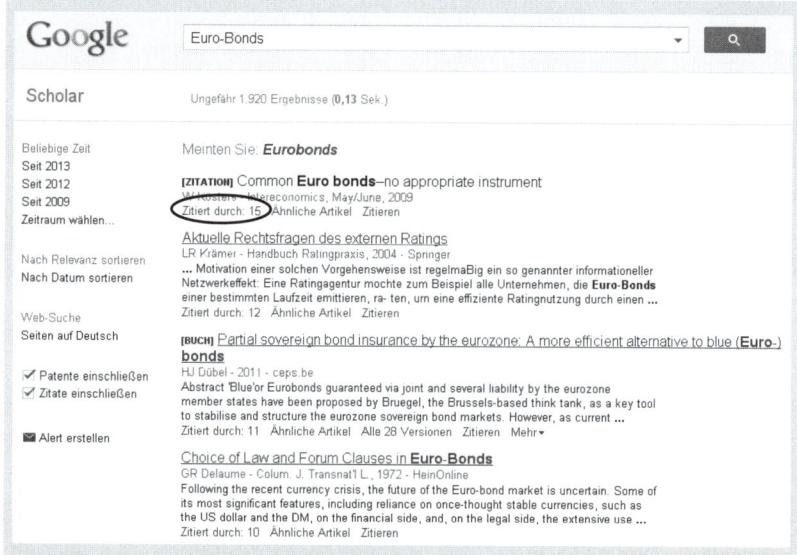

Ein Suchergebnis bei Google Scholar

In der obenstehenden Abbildung haben wir einmal mit Hilfe von Google Scholar wissenschaftliche Quellen zum Thema „Euro-Bonds" gesucht und sind fündig geworden. Nehmen wir einmal die erste Quelle (Kösters), dort sehen Sie links unterhalb des Titels eingekreist die Bemerkung „Zitiert durch" – klicken wir darauf, so erhalten wir das folgende Ergebnis:

Scholar	Ungefähr 15 Ergebnisse (0,07 Sek.)
Beliebige Zeit	**Common Euro bonds—no appropriate instrument**
Seit 2013	☐ In Artikeln mit Zitaten suchen
Seit 2012	
Seit 2009	[PDF] How EMU can be strengthened by central funding of public deficits [PDF] von vu.nl
Zeitraum wählen...	W Boonstra - Convergence, 2010 - feweb.vu.nl
	An important lesson from the financial crisis is that the euro has served its member states
Nach Relevanz sortieren	very well. However, at times the common currency has experienced periods in which it was
Nach Datum sortieren	severely under pressure. On the currency markets, the euro lost substantially value vis-à- ...
	Zitiert durch: 9 Ähnliche Artikel Alle 2 Versionen Zitieren Mehr ▾
Web-Suche	[PDF] Eurobonds—Concepts and implications [PDF] von sylves
Seiten auf Deutsch	SCW Eijffinger - Briefing Note to the European Parliament, 2011 - sylvestereijffinger.com
	Abstract The main advantages of Eurobonds are increased liquidity of European bond
☑ Zitate einschließen	markets (conditional on participation), protection from large market shocks and erratic
	market discipline, guaranteed funding for all EMU countries and an improvement in the ...
✉ Alert erstellen	Zitiert durch: 8 Ähnliche Artikel Zitieren Mehr ▾
	[ZITATION] Can Eurobonds solve EMU's problems?
	W Boonstra - Obtained from www. rabobank. com/kennisbank, 2011
	Zitiert durch: 5 Ähnliche Artikel Zitieren
	[ZITATION] Saving Emu
	W Boonstra - 2011 - Rabobank Working Paper 2011/2
	Zitiert durch: 1 Ähnliche Artikel Zitieren
	Introduzione: la ritirata del neoliberismo? [PDF] von uniror
	C D'Ippoliti - Moneta e Credito, 2012 - rspi.uniroma1.it
	Abstract The article introduces the new issue of the journal. It discusses what reasons may
	explain the fact that austerity measures are increasingly criticised by vast numbers of
	economists while they are still endorsed by all EU institutions. It is here suggested that the ...
	Zitiert durch: 1 Ähnliche Artikel Alle 10 Versionen Zitieren

Google Scholar und der Zitierindex

Google zeigt Ihnen also alle 15 Quellen, in deren Literaturverzeichnis Google den Artikel von Kösters gefunden hat – und die haben auch alle etwas mit dem Thema zu tun. Viele davon kann man sogar direkt aus dem Netz herunterladen – das zeigt der blaue Hinweis „[PDF]" am Artikel. Damit haben wir in der Tat nach vorne gesucht und Artikel gefunden, die unseren ursprünglichen Artikel zitieren.

Star-Suche. Eine weitere Möglichkeit, die man im fortgeschrittenen Stadium der Recherche nutzen kann, ist die Star-Suche. Hat man sich eine Weile mit dem Thema beschäftigt, so kennt man die Namen der Forscher, die auf diesem Gebiet besonders prominent sind – was also liegt näher, als einfach nach Artikeln zu suchen, die diese Wissenschafts-Promis geschrieben haben? Dabei können Sie sich das Leben sogar noch einfacher machen, indem Sie die Homepages dieser Wissenschaftler besuchen – dort finden Sie in der Regel eine Liste mit allen Publikationen dieser Wissenschaftler, oftmals sogar auch Arbeitspapiere oder andere Literatur zum Herunterladen. Die folgende Abbildung zeigt Ihnen als Beispiel die Homepage des Nobelpreisträgers Daniel Kahneman. Wer sich mit dessen Spezialgebiet, der psychologischen Fundierung ökonomischer Theorien beschäftigt, stößt hier auf eine Fundgrube.

Suche über Institutionen. Eine ebenfalls vielversprechende Suche läuft über wichtige Institutionen, die für das Thema zuständig sind. Das umfasst nicht nur Forschungsinstitute, sondern auch nationale und

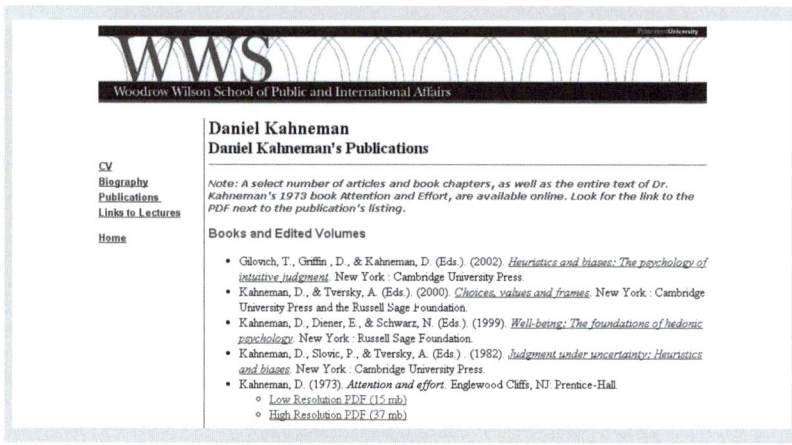

Die Homepage eines Star-Forschers und seine Publikationen

internationale Behörden, Regierungen oder supranationale Organisationen. Bei einigen Themen ergibt es sich automatisch, welche
Institutionen man sich näher anschauen muss. Bei der Euro-Krise
stößt man beispielsweise relativ rasch auf den Umstand, dass der
Internationale Währungsfonds in das Geschehen involviert ist – also
lohnt sich sicherlich ein Abstecher auf dessen Homepage. Bisweilen
muss man aber auch ein wenig herumexperimentieren, es lohnt sich
aber oft – vor allem die Webseiten internationaler und staatlicher
Organisationen bieten oft eine Fülle von Daten, Analysen und Artikeln, oftmals zum direkten Download. Die folgende Tabelle gibt
Ihnen einen Einstieg in die Welt der Institutionen im Netz.

 Ausgewählte internationale und nationale Institutionen im Internet

Institution	Bemerkung
Internationaler Währungs-fonds: imf.org	Der Internationale Währungsfonds (IMF) hat 188 Mitgliedstaaten und kümmert sich um Themen wie internationale monetäre Kooperation, Finanzstabilität, internationaler Handel, Förderung von Wachstum
Weltbank: worldbank.org	Finanzielle und technische Hilfe für Entwicklungsländer

Institution	Bemerkung
Notenbanken: z.B. ecb.int, federalreserve.gov, bundesbank.de	Fragen zur Geldpolitik, zum Finanzsystem; Zahlungsverkehr, oft auch Konjunkturaspekte, zumeist auch Stellungnahmen, Daten und Analysen weiterer wirtschaftspolitischer Felder wie z.B. Staatsverschuldung oder Fiskalpolitik
Bank für Internationalen Zahlungsausgleich: biz.org	Die BIZ versteht sich als Dienstleister der Zentralbanken, hier geht es um Geldpolitik und die Stabilität des Finanzsystems
International Labor Organization: ilo.org	Die ILO soll internationale Arbeitsstandards überwachen
Vereinte Nationen: un.org	Die Vereinten Nationen sollen die internationale Sicherheit aufrechterhalten; Frieden schaffen, und sozialen Fortschritt sowie die Menschenrechte fördern
Statistisches Bundesamt: destatis.de	Unverzichtbare Datenquelle, nicht nur für ökonomische Themen
Sachverständigenräte: z.B. sachverstaendigenrat-wirtschaft.de, svr-gesundheit.de, svr-migration.de, umweltrat.de) und wissenschaftliche Beiräte (z.B. bmwi.de/DE/Ministerium/beiraete.html)	Solche Expertengremien gibt es für viele Themen, zumeist sind sie bei einem Ministerium angesiedelt – in der Regel eine ergiebige Quelle
Europäische Union: europa.eu	Das Einfallstor für alle Themen zur Europäischen Union
Regierung oder Fachministerien: bundestag.de, bundesregierung.de, bmj.bund.de, justiz.nrw.de, beck-online.beck.de	Hier finden sich offizielle Daten sowie der Stand der Gesetzgebung; allerdings muss man davon ausgehen, dass die Bewertung von Sachverhalten nicht immer objektiv ist
Rechtsprechung: z.B. bundesverfassungsgericht.de, bundesgerichtshof.de, echr.coe.int	Rechtsprechung zu bestimmten Themen, Begründungen der Gerichte und Sachverhalte
Forschungsinstitute: z.B. ifo.de, diw.de, iwkoeln.de, rwi-essen.de, iwh-halle.de, zew.de	Immer einen Besuch wert. Es gibt auch zahlreiche nicht-ökonomische Forschungsinstitute – ein wenig Suchen lohnt sich.

Wann höre ich auf, zu recherchieren? Das hängt ab vom Umfang Ihrer Arbeit, der die notwendige Literaturmenge bestimmt, aber auch von Ihrem Zeitplan – wer nur noch zwei Wochen bis zur Abgabe hat, muss bald mit dem Schreiben anfangen. Sind wir ehrlich: Wenn Sie eher der freizeitorientierte Typ sind, besteht die Gefahr, dass Sie zu früh die Recherche abbrechen, wenn Sie aber ein gründlicher Typ sind, droht Ihnen die Gefahr, dass Sie zu spät aufhören, zu viele Quellen recherchieren. Aber auch hier gilt das ökonomische Gesetz: Wenn der zusätzliche Nutzen einer weiteren recherchierten Quelle geringer ist als die Kosten, die Ihnen durch die Recherche entstehen, sollten Sie abbrechen. Nur, wann ist das?

Ein guter Hinweis ist, wenn sich die Quellen, auf welche Sie stoßen, wiederholen – das deutet darauf hin, dass Sie die wichtigsten Quellen kennen. (Aber Vorsicht: Denken Sie an das Zitierkartell.) Ein weiterer Hinweis ist, wenn Sie in allen Quellen immer wieder auf die gleichen Argumente, Daten, Modelle und Studien stoßen. Irgendwann werden Sie merken, dass jede weitere Quelle nur noch einen geringen Erkenntnisgewinn für Sie hat – dann sind Sie auf der Zielgeraden und es geht an den nächsten Schritt: das recherchierte Material sichten, lesen und ordnen.

IV. Literatur lesen, dokumentieren und archivieren

Wie lese ich? Wie man sich an wissenschaftliche Quellen herantastet, schauen wir uns im nächsten Kapitel an – hier geht es nur darum, wie man sich grundsätzlich einem Text, einem Artikel oder Beitrag nähert. Es macht keinen Sinn, zu Beginn der Arbeit jeden Text, der einem vor die Nase rutscht, komplett durchzuarbeiten. Warum ist klar: Bei vielen Texten wissen Sie noch gar nicht, ob diese für Ihr Thema wirklich relevant sein werden. Im ersten Schritt möchten Sie sich einen Überblick über das Thema verschaffen und nicht schon in den Fußnoten arbeiten.

Dazu müssen Sie natürlich erkennen, ob der Text sich nur mit den Fußnoten Ihres Themas beschäftigt oder ganz direkt zu Ihrem Thema gehört. Um sich einen Überblick zu verschaffen, helfen die Quellen, die wir bereits kennen gelernt haben: einführende Lehrbücher, Übersichtsartikel oder die einführenden Bemerkungen zum Thema bei speziellen Quellen wie Fachartikeln, Dissertationen oder Habilitationen. Hier gilt also: Nur den einführenden Teil lesen, der Ihnen einen Überblick verschafft – den Rest bei Bedarf auf Wiedervorlage. Scheuen Sie sich nicht, die Lektüre eines Artikels oder Buches abzubrechen, wenn Sie merken, dass der Text nicht in die Richtung Ihres Themas marschiert.

Schneller lesen? Kann man seine Lesegeschwindigkeit erhöhen? Sicherlich, und der einfachste Weg dazu ist Übung: Je mehr Sie lesen, je häufiger Sie lesen, und je häufiger Sie immer wieder über die gleichen Argumente, Fachworte und Satzkonstruktionen stolpern, umso schneller werden Sie dabei. Profis hangeln sich eher von Absatz zu Absatz, versuchen mit den ersten Sätzen eines Absatzes zu erfassen, ob er für sie wichtig ist oder nicht und überspringen ihn gegebenenfalls. Das erfordert aber eine Menge Übung und funktioniert am besten, wenn man genau weiß, welche Informationen man sucht und welche Aspekte des Themas unwichtig sind. Eine andere Sache sind Kurse, in denen man Schnelllesen erlernen kann – das ist ein eigenes Buch wert.

Notizen machen. Wenn Sie nur eine Quelle nach der anderen lesen, ohne sich Notizen zu machen, werden Sie nicht viel davon haben – vor allem, wenn Sie sich später dann erinnern wollen, wo Sie genau jenen Sachverhalt oder jenes Zitat gelesen haben, das Sie nun in Ihrer Arbeit nutzen wollen. Also sollten und werden Sie sicherlich auch bei jedem Text, den Sie lesen, sich Notizen machen – aber was genau notieren Sie?

- Am wichtigsten ist natürlich die Hauptthese des Werkes, das Sie lesen – in einem Satz: Was ist die Aussage des Textes? Was fordert der Autor, und welche Methoden verwendet er, welche Ergebnisse präsentiert er? Sie sollten von jedem Text eine kurze Zusammenfassung schreiben, und zwar mit Ihren eigenen Worten, das zwingt Sie dazu, den Text wirklich zu verstehen. Können Sie den Text nicht gescheit mit eigenen Worten zusammenfassen, und zwar so, dass Ihre Kommilitonen oder Kollegen es verstehen, müssen Sie da noch einmal ran. Scheuen Sie diese Mühe nicht: Ein Text, den Sie nicht verstanden haben, nützt Ihnen nichts.

- Zusätzlich können Sie sich bei wichtigen Absätzen am Rand eine zusammenfassende Notiz machen; manche Texte bieten diesen Service bereits an und versehen jeden Absatz mit dessen Lernaussage.

- Unterstreichen hilft auch. Wer gerne damit arbeitet, wählt unterschiedliche Farben (Rot = wichtig; blau = Definitionen; gelb = empirische Befunde etc.); Sie sollten aber nicht den Fehler begehen und den ganzen Text unterstreichen. Machen Sie keinen Regenbogen aus dem Text.

Dokumentieren und archivieren. Die beste Such- und Lesestrategie allerdings nutzt nichts, wenn man es nicht schafft, die Ergebnisse seiner Suche sinnvoll zu ordnen. Wie also packt man das an? Zunächst einmal gilt: Alles ist besser als ein Durcheinander von Zetteln, Notizen, handschriftlichen Aufzeichnungen und Pizzakartons. Die einfachste Form, zumindest eine Grundordnung in dieses Chaos zu bringen ist natürlich die Karteikarte, auf der man alles notiert, was zu der betreffenden Quelle gehört.

Diese Angaben zu einer Quelle sollten Sie sich notieren

Wenn Sie Quellen, die Sie gelesen haben, dokumentieren, dürfen einige Daten nicht fehlen:

- *Zum einen sollten Sie festhalten, wo Sie die Quelle gefunden haben (Standort in der Bibliothek, Internet-Link, Fernleihe) und wo Sie diese abgelegt haben.*

- *Dann dürfen natürlich nicht die bibliographischen Angaben fehlen (Name, Vorname der Autoren, Titel des Beitrags und Erscheinungsdatum, Art des Beitrags, falls vorhanden Herausgeber, falls es ein Zeitschriftenartikel ist den Jahrgang, das Heft, die Seitenzahlen, Erscheinungsort und Verlag, bei einer Internet-Quelle die Fundstelle im Internet und das Zugriffsdatum).*

- *Gut sind auch eine Zusammenfassung und ein paar Stichworte oder Zitate aus der Quelle. Bei den Stichworten ist es ratsam, am Anfang viele Stichworte zu vergeben, Sie werden erst im weiteren Verlauf der Arbeit merken, welche Stichworte die passenden und wichtigen sind, also ist es gut, am Anfang damit nicht zu geizen, dann finden Sie auch leicht Quellen, die Sie zu Beginn Ihrer Recherchen gelesen haben.*

Machen Sie sich die Mühe, Sie werden es später nicht bereuen. Dokumentieren Sie die gelesenen Quellen nicht sorgfältig, müssen Sie später, wenn Sie eine Quelle in Ihrer Arbeit vollständig zitieren wollen, nochmals nachhaken und die Quelle erneut suchen, nur um beispielsweise den Verlag rauszusuchen, den Sie bei der ersten Erfassung vergessen haben zu notieren. Im schlimmsten Fall müssen Sie alle Quellen, die Sie zitieren wollen, erneut suchen – ein völlig unnötiger Arbeitsaufwand.

Ein wenig anspruchsvoller, aber auch praktischer als Karteikarten ist es beispielsweise, die Daten zu den Quellen in einer eigens angelegten Textdatei zu notieren. Das hat den Vorteil, dass man die betreffenden Angaben zu den Quellen später bequem in die Arbeit hineinkopieren kann, an die betreffende Stelle in der Gliederung. Man gibt alle Quellen mit allen bibliographischen Angaben in die Datei ein, kann das Ganze am Ende (zumindest in MS Word) alphabetisch sortieren und bei Bedarf einzelne Quellen aus dieser Datei kopieren und in die Arbeit einfügen. Das ist einfach, schnell und kostengünstig. Statt einer Textdatei kann man auch eine Liste in Tabellenform (z.B. in Excel) anlegen. Diese lässt sich leichter verwalten als eine unformatierte Textdatei (die folgende Abbildung zeigt ein mögliches Beispiel), erfordert aber ein wenig Vorbereitung.

Name	Vorname	Weitere Autoren	Jahr	Titel	Art der Publikation	Weitere Angaben
Belke	Ansgar	keine	2010	Reinforcing EU governance in times of crisis	Working Paper	Ruhr Economic Papers, 232
Berg	Tim Oliver	Carstensen, Kai; Sinn, Hans-Werner	2011	Was kosten Eurobonds?	Artikel in Zeitschrift	ifo-Schnelldienst 64 (17), S. 25-33
Delpla	Jacques	Weizsäcker, Jakob von	2011	Eurobonds: The blue bond concept and its implications	Working Paper	Bruegel Policy Contributions

Eine Literaturverwaltung mit Excel

Literaturverwaltungsprogramme. Man muss aber nicht zur Karteikarte oder zur Excel-Datei greifen – mittlerweile gibt es günstige, ausgefeilte Literaturverwaltungsprogramme, die einen bemerkenswerten Serviceumfang bieten. Ein Beispiel dazu, das Literaturverwaltungsprogramm Citavi, zeigt Ihnen die folgende Abbildung.

Diese Programme bieten natürlich ungleich viel mehr Möglichkeiten als ein einfaches Textverarbeitungsprogramm, unter anderem bieten diese Ihnen die folgenden Funktionen:

- Sie können in der von Ihnen dort eingegebenen Literatur eine Volltextsuche durchführen.

- Zumeist können Sie über das Programm in den Datenbeständen von Bibliothekskatalogen suchen. Wenn Sie die ISBN-Nummer eines Buches haben, reicht die Eingabe der ISBN und der komplette Titel wird mit allen bibliographischen Angaben in Ihre Bestände übernommen.

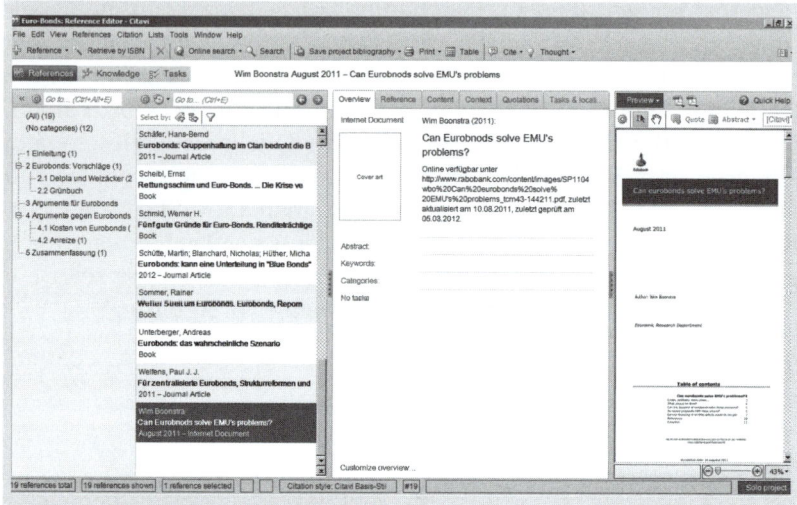

Das Literaturverwaltungsprogramm Citavi

- Die Programme bieten oft auch Zusatzservices wie Aufgabenmanager, Ideenmanager und andere Werkzeuge, die es erleichtern, ein Thema zu strukturieren und die einzelnen Arbeitsschritte zu planen. In Citavi beispielsweise können Sie – wie in der Abbildung zu sehen – sogar die Struktur Ihrer Gliederung nachbilden und jede Quelle einem Punkt in dieser Gliederung zuordnen.

- In der Regel können Sie aus dem Programm heraus auch das Literaturverzeichnis für Ihre Arbeit generieren.

- Teilweise werden auch Werkzeuge angeboten, über die Sie zusammen mit Kollegen oder Kommilitonen an einem Thema arbeiten können.

Der Nachteil dieser Programme ist, dass sie teilweise – wie Citavi – etwas kosten, weitere kommerzielle Programme sind beispielsweise Endnote (endnote.com) und Refworks (refworks.com). Allerdings haben viele Hochschulen mittlerweile eine Campus-Lizenz für solche Programme, so dass Sie als Student, Alumni oder Mitglied der Fakultät diese Programme kostenfrei nutzen können. Bietet sich diese Möglichkeit nicht, so gibt es auch kostenlose, nicht-kommerzielle Literaturverwaltungen wie Literat (literat.net/index.html, ein Vorläufer von Citavi, allerdings nur noch unter Windows 3.1 bis Windows Vista verfügbar), Bibliographix (bibliographix.de/) oder Zotero (zotero.org).

V. Literatur kontrollieren

Vorurteile – der Tod jeder Wissenschaft. Hier noch eine etwas ungewöhnliche Warnung im Rahmen eines solchen Buches – es ist der Versuch, Sie vor unwissenschaftlichem Denken zu bewahren, dem wir Menschen rasch verfallen, und das hat etwas mit Vorurteilen zu tun. Dazu ein einfaches Experiment (Lord, Ross, Lepper 1979): Zuerst befragen Sie Versuchspersonen nach ihrer Meinung zur Todesstrafe. Danach geben Sie ihnen zufällig ausgewählte Literatur zur Wirkung der Todesstrafe, mit der Bitte, diese zu lesen. Nach der Lektüre der Literatur befragen Sie die Versuchspersonen erneut zu ihrer Meinung: Diejenigen, die vor der Lektüre der Quellen für die Todesstrafe waren, sind nach dem Studium der Literatur noch überzeugter von deren Wirksamkeit, diejenigen, die vor der Lektüre Gegner der Todesstrafe waren, sehen ihre Meinung durch die Lektüre bestätigt. Obwohl beide Gruppen die gleichen Quellen gelesen haben, kommen sie zu völlig entgegengesetzten Schlüssen: Die Befürworter der Todesstrafe sehen sich durch das Studium der Quellen ebenso bestärkt wie die Gegner der Todesstrafe.

„Confirmation bias", also „Bestätigungsirrtum" nennen Wissenschaftler dieses Phänomen. Menschen haben die Neigung, Fakten im Sinne bereits vorgefasster Meinungen zu interpretieren und zu suchen. Hat man eine Meinung gefasst, so rückt die Verteidigung dieser Meinung in den Mittelpunkt der Bemühungen. Das bedeutet, dass es Ihnen sehr schwer fällt, eine einmal gefasste Meinung im Lichte neuer Informationen zu ändern.

Das kann für eine wissenschaftliche Arbeit schnell misslich werden: Sie lesen die ersten Quellen, die zufällig alle die gleiche Position zu einem Thema haben, und schon eignen Sie sich diese Position an, und jede Quelle, die Sie im Folgenden lesen, lesen Sie – wie die Versuchspersonen im obigen Experiment – im Lichte einer bereits vorgefassten Meinung. Genau das ist Wissenschaft nicht: Fakten im Lichte einer vorgefertigten Meinung zu selektieren und interpretieren. Das Dumme daran: Mehr als warnen kann man Sie davor nicht. Sie müssen einfach lernen, unterschiedliche Meinungen und Fakten zu akzeptieren und auch nebeneinander stehen zu lassen.

Im Grunde genommen macht doch genau das eine wissenschaftliche Arbeit oder einen sachlichen, informativen Artikel aus: dass alle Positionen angemessen berücksichtigt und neutral dargestellt werden und dass man dem Leser selbst überlässt, sich eine Meinung zu bilden. Wie schwer es für Menschen ist, auch Argumente gelten zu lassen, die der eigenen Meinung zuwiderlaufen, weiß jeder, der schon einmal an Podiumsdiskussionen teilgenommen hat und die Emotionen erlebt hat, welche die Diskutanten (oder auch einen selbst) übermannt haben.

Vielleicht ist das eine ganz gute Faustregel: Sobald man merkt, dass man emotional wird, dass man Argumente wegwischt, ohne dafür eine richtig gute Begründung zu haben, sobald man dieses komische Gefühl in der Magengrube hat, wenn man Gegenargumente hört, sollte man durchschnaufen und sich fragen, warum man jetzt gerade eigentlich so emotional wird. Wissenschaft sollte immer möglichst emotionslos stattfinden.

Fakten checken. Als Autor einer Arbeit oder eines Artikels sind Sie auch dafür verantwortlich, dass die von Ihnen genutzten Fakten stimmen. Haben Sie Ihre Quellen sorgfältig – nach Maßgabe der bereits diskutierten Kriterien – ausgewählt, sollte da eigentlich nicht viel schief gehen. Dennoch dürfen Sie den Kopf nicht ausschalten. Ideal ist es, wenn Sie zu einer Aussage, These oder Zahl mehrere voneinander unabhängige Quellen finden – da können Sie schon davon ausgehen, dass Sie auf der sicheren Seite sind.

Verlass ist auf diese Methode leider nicht: Wer beispielsweise nach dem Fall des Eisernen Vorhangs ökonomische Daten zu den osteuropäischen Transformationsstaaten zusammensuchte, musste leider feststellen, dass er für ein und die gleiche Sache – sagen wir das Sozialprodukt von Kasachstan – bis zu drei verschiedene Antworten bekam, allesamt aus guten, wissenschaftlichen Quellen. Diese Sorte Schwierigkeiten wird sich leider nie vermeiden lassen, aber ein paar Fehler kann man vermeiden. Zum Beispiel den Fehler, nicht auf das Alter einer Quelle zu achten.

Wie alt darf eine Quelle sein? Eine wichtige Frage, die man mit der üblichen Antwort versehen kann: Es kommt darauf an. Bestimmte Dinge – Modelle, Theorien, ökonomische Zusammenhänge – ändern sich wenig bis gar nicht, hier können Sie auch auf ältere Literatur zurückgreifen. In manchen Fällen müssen Sie das sogar, nämlich dann, wenn es darum geht, einen bestimmten Theorie- oder Literaturzweig zu beschreiben: Dann dürfen Sie die berühmten „seminal papers", über die wir schon gesprochen haben, nicht unberücksichtigt lassen. Darunter gibt es bisweilen Quellen, die sehr alt sind, aber sozusagen die Grundlage für eine bestimmte Forschungsrichtung legen – die müssen Sie sogar zitieren, weil Sie damit zeigen, dass Sie einen großen, hinreichenden Überblick über die Literatur haben.

Eine andere Möglichkeit sind Quellen, die eher historischen Wert haben, mit deren Hilfe man zeigen kann, wie alt das behandelte Problem ist und welche Position man in der Vergangenheit dazu vertreten hat. Aber Vorsicht: Sie müssen natürlich auch die jüngere Literatur absuchen, ob denn zu der Theorie, dem Modell oder dem Thema, das Sie behandeln, mittlerweile auch neuere Forschungsarbeiten vorliegen. Tun Sie das nicht, setzen Sie sich dem Vorwurf mangelnder Literaturrecherche aus.

Anders verhält es sich, wenn es um institutionelle Sachverhalte geht. Dazu ein Beispiel: Nehmen wir einmal an, Sie sollen die aktuellen Entwicklungen im Bereich des öffentlich-rechtlichen Rundfunks in Frankreich beschreiben und begeben sich auf die Suche nach Quellen. Sie werden fündig: Wir schreiben das Jahr 2012, Sie finden eine Quelle der UNESCO von 2011[5] – besser kann es nicht sein, oder? Das kommt darauf an. In der UNESCO-Quelle lesen Sie, dass Frankreich den Anteil der Werbung im Öffentlich-Rechtlichen Fernsehen immer mehr zurück gefahren hat, ab November 2011 will man ganz auf Werbung verzichten. Was also schreiben Sie im Jahr 2012? Dass die französischen öffentlich-rechtlichen Sender keine Werbung mehr senden? Das könnte voreilig sein: Die Quelle, aus der Sie diese Information haben, ist 2011 publiziert worden, das ist nicht gleichbedeutend, dass sie auch dem Stand von 2011 wiedergibt. Bis ein Manuskript fertig ist, bis es gesetzt ist, Korrektur gelesen wurde, letzte Abstimmungen zwischen Verlag und Autor erfolgt sind, bis die Druckerpresse angeworfen wird, kann im schlimmsten Fall mehr als ein Jahr vergehen, und in einem Jahr kann viel passieren. Was also, wenn sich die politischen Winde Anfang oder Mitte 2011 gedreht haben und Werbung in den öffentlich-rechtlichen kein Thema mehr ist? Dann würden Sie mit Ihrer Aussage, dass im französischen öffentlich-rechtlichen Fernsehen keine Werbung mehr gesendet werden darf, danebenliegen. Sie sehen: Solche Fakten müssen Sie checken, Absichtserklärungen sind noch keine Tatsachen. Wenn Sie also in einer Quelle lesen, dass eine Regierung, ein Unternehmen, eine Partei oder wer auch immer, beabsichtigt, etwas zu tun, müssen Sie prüfen, ob man diese Absicht auch in die Tat umgesetzt hat.

Was Sie ebenfalls immer ganz aktuell prüfen müssen, sind Fakten, die sich rasch ändern können: Steuersätze, Paragraphen, Grenzwerte oder andere vom Gesetzgeber bestimmte Fakten – hier kann die Literatur der Gesetzgebung bisweilen ein wenig hinterher hinken.

---

[5] Mendel, Toby (2011).

Ein anderer kritischer Punkt sind statistische Daten – wie alt dürfen die denn sein? Das Problem bei Daten besteht darin, dass man Millionen von Statistiken findet, aber selten genau die, die man benötigt. Und wenn man eine halbwegs passende Statistik findet, dann ist sie schon ein paar Jahre alt. Was nun? Hier gibt es Auswege:

- *Nachhaken.* Zunächst natürlich bei der Quelle, bei der man die alten Daten aufgegabelt hat – oft gibt es die gleiche Statistik auch für aktuellere Zeiträume. Bei Verbänden und öffentlichen Organisationen lohnt sich oft ein Anruf.

- *Ausweichen.* Man findet oft nicht die Statistik, die zu 100 Prozent auf das passt, was man untersuchen will – also zieht man Statistiken heran, die eine Nähe zu dem Thema haben, verweist aber im Text darauf, dass das nicht zu 100 Prozent passt, es aber schwierig ist, an bessere Daten zu kommen. Aber Vorsicht: Missbrauchen Sie diesen Weg nicht als voreilige Ausfahrt für Ihre Bequemlichkeit.

- Eine – allerdings anspruchsvolle – Methode besteht darin, alte Daten *hochzurechnen*, „extrapolieren" nennen das Statistiker. Das ist allerdings, wie gesagt, methodisch aufwendiger und nur mit Vorsicht zu gebrauchen.

Klar ist aber eins: Bei herkömmlichen Daten – beispielsweise Sozialprodukt, Inflationsrate – gibt es keine Ausreden, diese vielfach genutzten Daten sind recht leicht zugänglich, wenn Sie da dem Leser, Chef oder Dozenten mit der Ausrede kommen, Sie hätten keine aktuelleren Daten bekommen, gibt es Ärger.

Plausi-Check. Auch Wissenschaftler sind Menschen, und Menschen machen Fehler. Das sollte zwar nicht vorkommen, schließlich gibt es Gutachter, Lektoren, Testleser, aber dennoch rutscht immer wieder etwas durch. Wenn Sie also in einer Quelle Unklarheiten entdecken, so denken Sie zunächst nach, ob Sie vielleicht Verständnisschwierigkeiten haben. Dann ziehen Sie alternative Quellen heran: Weichen diese von der fraglichen Quelle ab, dann scheint bei dieser tatsächlich ein Fehler vorzuliegen.

Eine letzte Waffe im Kampf gegen Druckfehlerteufel und andere Unsicherheiten ist das, was man als „Plausi-Check" bezeichnen könnte – ist das angegebene Argument, die gedruckte Zahl plausibel? Ein einfaches Beispiel: Sie lesen in einer Quelle dass es in Deutschland 640 Kinosäle gibt – das kommt Ihnen zu Recht wenig vor, kann das stimmen?

Für eine rasche Einschätzung machen Sie einfach eine überschlägige Rechnung, für die Sie nur eine einzige Zahl benötigen, und dann ganz vorsichtig schätzen: Bei 80 Millionen Deutschen kommen sagen wir rund 40 Millionen als potentielle Besucher von Kinos infrage; nehmen wir an, dass die Hälfte davon auch regelmäßig ins Kino geht – vielleicht sechsmal im Jahr (manche gehen häufiger, manche weniger)? Das wären dann rund 120 Millionen Kino-Besuche pro Jahr – konservativ geschätzt. Wenn jeder Kinosaal, sagen wir, acht Mal pro Woche geöffnet ist und ein Fassungsvermögen vielleicht durchschnittlich 120 Personen hat, lässt sich rasch ausrechnen, wie viele Kinosäle wir unter diesen Annahmen brauchen: 20 Millionen Besucher mal sechs macht 120 Millionen Besuche pro Jahr; bei 120 Personen Fassungsvermögen und acht Vorstellungen mal 52 Wochen sind das 49.920 Plätze, die im Jahr zur Verfügung stehen, macht das rund 2.400 Kinosäle, die man unter diesen sehr vorsichtigen Annahmen benötigen würde. Die 640 kann da eigentlich nicht stimmen, zumal wir sehr vorsichtig geschätzt haben.[6]

Zugegeben, das funktioniert nicht immer so elegant, aber bisweilen helfen der gesunde Menschenverstand und eine kurze überschlägige Rechnung weiter – einen Versuch ist es immer wert, vor allem, wenn man unter Zeitdruck ist.

Damit soll es genug sein, was die Recherche von Informationen angeht – lassen Sie uns nun den nächsten Schritt machen: Wie können Sie die gesammelten Informationen sinnvoll strukturieren, wie verhindern Sie, dass Sie von der Fülle von Informationen erschlagen werden?

---

[6] Wenn wir dann eine alternative Quelle finden, stellen wir fest, dass es 4640 Kinosäle in Deutschland gibt, rund 170 Besucher pro Platz und etwa 123 Millionen Besuche (vgl. Filmförderungsanstalt 2012). Ganz offensichtlich hat unser Autor einen Tippfehler gemacht und die erste Ziffer ist verschütt gegangen.

Strukturieren

I. Inhalte erfassen und verstehen

Wie ordne ich meine Argumente? Das ist eines der größten Probleme, vor denen man bei einer Arbeit, aber auch einem kurzen Artikel oder Report steht: Tausend verschiedene Argumente, Meinungen, Fakten – wie soll man die in einen geregelten Zusammenhang stellen? Dabei ist wichtig: Die Struktur, in die Sie Ihre Argumente bringen, wächst sich aus zur Gliederung Ihrer Arbeit, und die Gliederung Ihrer Arbeit ist das Fundament all Ihrer Mühen. Wenn Sie sich also hier keine Mühe geben, können Sie gleich aufhören. Im Grunde genommen wird bei der Strukturierung des Themas, der Arbeit oder des Artikels die entscheidende Schlacht geschlagen: Wer sein Thema gut strukturiert, hat schon fast die Gliederung in der Hand, und von der Gliederung sind es nur noch ein paar handwerkliche Schritte zum fertigen Text. Lassen Sie sich nicht von Wörtern wie „Gliederung" und „Text" ablenken – die Strukturierungsaufgabe müssen Sie für jede Art von Präsentation und Arbeit machen, ob es um einen Zeitungsartikel, einen Report für die Geschäftsleitung oder die Rede zum Schwiegermuttergeburtstag geht.

Dabei gilt aber ganz klar: Gut strukturieren, ordnen und gliedern kann nur, wer sein Thema richtig verstanden hat. Also müssen wir uns zuerst einmal Gedanken darüber machen, wie man sich einem Thema nähert, wie man sicherstellen kann, dass man sein Thema erstens versteht und zweitens auch von der Breite her im Griff hat. Dazu wollen wir in einem ersten Schritt erörtern, wie man sich einem Thema, einer Theorie, einem Modell – sprich: unbekanntem Stoff – sinnvoll nähert.

Erste Schritte: Fragen stellen. Keine einfache Sache, vor allem, wenn das Thema noch neu ist. Hier ein paar Fragen, die bei der Erfassung des Themas helfen können:

- Was genau ist das Thema, worum geht es? Versuchen Sie, das Thema in einer Zeile, der sogenannten Küchenzeile zu erfassen. Das geht so: Sie kommen nach einem langen Tag nach Hause, öffnen die Tür, und Ihr Lebensabschnittspartner ruft aus der Küche: „Was war heute los, Schatz?". Sie antworten aus dem Flur mit einem Satz – das ist die Küchenzeile, das Thema in einem kurzen, knappen Satz auf den Punkt gebracht. Als Journalist kann man Artikel mit der Küchenzeile beginnen. Auf die Küchenzeile kommen wir im nächsten Abschnitt noch einmal zurück.

- Wer sind die entscheidenden Akteure, welche Ziele, Motive und Anreize haben Sie? Versteht man, wer die Akteure sind und welche Anreize sie haben, so versteht man leichter, warum sie so handeln, wie sie handeln und welches Konfliktpotential das Thema hat. Daraus ergeben sich oft schon die Probleme, die man in der Arbeit oder dem Artikel behandeln muss.

- Gibt es Daten, Zahlen zu dem Thema? Was sagen sie, wie muss man sie interpretieren? Wo immer möglich sollten Sie Daten zu Rate ziehen. Sie helfen Ihnen, eine fundierte Meinung zu Ihrem Thema zu finden, die nicht nur auf bloßem Bauchgefühl oder Wunschdenken basiert – beides der sichere Weg ins wissenschaftliche und journalistische Aus.

- Gibt es unterschiedliche Theorieströmungen, Auffassungen über das Thema? Wer vertritt welche Thesen? Gibt es innerhalb des Themas Stars, also Experten, die als ausgewiesene Fachleute immer wieder auftauchen und zitiert werden?

- Welches Ziel verfolgen Sie mit Ihrer Arbeit? Wer wird die Arbeit lesen und was erwartet er von der Arbeit? Also machen Sie sich klar: Was will ich mit meiner Arbeit erreichen, welche Frage soll sie beantworten? Und wer ist mein Publikum, was kann ich an Vorkenntnissen erwarten und was erwartet mein Publikum von mir?

Der nächste Schritt nach dieser ersten Eingrenzung des Themas besteht darin, sich um die theoretischen Aspekte des Themas zu kümmern – welche Ideen, Theorien und Modelle sind für das Thema wichtig, und was sagen sie?

Ein paar typische Fehler bei Reports an einen Chef

Was für Hochschulen und Redaktionen gilt, gilt wohl noch mehr für Unternehmen: Zeit ist Geld. Kein Chef hat Zeit und Lust, sich durch seitenlange Ausarbeitungen zu kämpfen – jeder Chef will es kurz und knackig. Doch damit man kurz und knackig sein kann, muss man wissen, was genau eigentlich die Fragestellung ist – je diffuser die Aufgabenstellung, desto diffuser die Recherche und Ausarbeitung. Leider kranken daran viele Aufträge von Chefs: „Machen Sie mal was dazu" ist ein typischer Satz, ohne dass der arme Mitarbeiter, der ihn zu hören bekommt, weiß, was genau er eigentlich machen soll. Oftmals werden solche Reports aus einer Debatte heraus bestellt, ohne gezielte Fragestellung. Wer nicht zurück fragt und exakt wissen will, was genau er erarbeiten soll und welche Fragestellung entschieden werden soll, hat verloren. Man muss also per Rückfrage eine klare Aufgabenstellung erhalten, je präziser, desto besser. Also: Inhalte, nicht einfach bloße Aktivität – die ersetzt keine Inhalte. Das Problem dabei ist allerdings, dass man sich durch solche präzisierenden Rückfragen nicht sonderlich beliebt macht, weil man unter Umständen damit auch den Auftraggeber in Bedrängnis bringen kann, weil er merkt, dass er eigentlich nicht so genau weiß, was er will. Sie können ihm jedoch bei der Aufgabendefinition helfen, indem Sie nach einer kurzen Vorabrecherche zwei bis drei mögliche präzisierende Fragestellungen zur Auswahl vorschlagen. Sie haben die Wahl: Entweder Sie arbeiten mit Ihrem Chef an einer genauen Aufgabenstellung (und riskieren dabei seinen Unmut), oder Sie schreiben einen diffusen Report über ein diffuses Thema in der Hoffnung, dass der Chef die Fragestellung bis dahin ohnehin vergessen hat. Keine schönen Aussichten. Wie dem auch sei: Halten Sie den Report immer knapp und deutlich, versuchen Sie, klare Handlungsanweisungen zu erarbeiten.

Wie nähert man sich einer Theorie, einem Modell? Zunächst einmal muss man sich die „seminal papers" beschaffen, also die Artikel, die die betreffende Theorie begründen, die entscheidenden Beiträge dazu geliefert haben. Diese sind unerlässlich, weil man sie ohnehin in der Arbeit zitieren muss – lassen Sie diese Beiträge weg, wird man Ihnen mangelhafte Literaturrecherche vorwerfen (und das zu Recht). Nun ist es oft so, dass man diese Beiträge im ersten Anlauf nicht wirklich komplett versteht, aber das macht nichts, dazu gibt es ja die Sekundärliteratur. Also liest man erst einmal in Lehrbüchern nach, um die betreffende Theorie zu verstehen, und mit dem Hintergrundwissen, das man dabei angesammelt hat, kann man sich nun noch einmal an die Originalquelle heranwagen.

Wenn Sie keine Darstellungen in einführenden Lehrbüchern zu den für Sie entscheidenden Artikeln finden, dann müssen Sie ausweichen auf Dissertationen oder aber andere Artikel, die sich auf die betreffende Theorie (oder das Modell) beziehen. In der Regel beginnen diese Artikel ihre Ausführungen mit einer einführenden Darstellung des Grundmodells – und das ist ja genau das, was Sie benötigen. Das bedeutet: Auch weiterführende Artikel zu Ihrem Thema können bereits in der Anfangsphase hilfreich sein, weil Sie dort einführende Darstellungen finden. Und oftmals hilft es ungemein, ein und dasselbe Modell (oder Theorie) in verschiedenen Darstellungen gesehen zu haben. Zum Schluss sollten Sie sich aber nach Möglichkeit immer auf die Originalquelle konzentrieren und diese zur Grundlage Ihrer Arbeit machen. Hat man erst einmal die Kernideen einer Theorie verstanden, kann man auch die Originalquelle besser verstehen, weil man ja nun weiß, um was es geht.

Wie taste ich mich an eine Quelle heran? Das können Sie recht strukturiert tun: Zunächst einmal lesen Sie die Zusammenfassung, die jeder Artikel in einem Fachjournal hat (sie steht deutlich vom Text abgesetzt am Anfang oder am Ende). Nach der Lektüre der Zusammenfassung entscheiden Sie: Ist dieser Artikel wichtig für mich? Ist das mein Thema? Oder liegt das zu weit abseits meines Themengebiets? Falls Sie zu dem Schluss kommen, dass der Artikel nicht mehr in Ihren Themenbereich fällt – weg damit. Andernfalls machen Sie den zweiten Schritt: Sie lesen die Einführung, in der in der Regel der Gang des Artikels sowie seine Zielsetzung und seine Ergebnisse nochmals erläutert sind. Auch das hilft Ihnen weiter, die Quelle besser einzuschätzen und erneut zu überlegen, ob es sich lohnt, sie noch genauer anzuschauen. Fällt Ihr Urteil nun immer noch positiv aus, dann lesen Sie den letzten Abschnitt des Artikels, die Zusammenfassung (im Englischen Conclusions oder Summary genannt), hier sind noch einmal die wichtigsten Ergebnisse des Artikels und Ihre Implikation für das Thema zusammengefasst. Damit sollten Sie nun ein gutes Bild davon haben, was in dem Artikel gemacht wird. Je nachdem, wie wichtig der Artikel nun für Ihr Thema ist, lesen Sie in einem letzten Schritt den ganzen Artikel, also auch die Theorie und die Empirie, um die Quelle und Ihr Thema noch detaillierter zu verstehen und beurteilen zu können.

Handelt es sich bei der Quelle um ein Buch, so gehen Sie ähnlich vor: Zunächst einmal schaut man sich das Inhaltsverzeichnis an und versucht herauszufinden, was der Verfasser in diesem Buch macht. Eine gute Gliederung sollte selbsterläuternd sein, sie sollte dem Leser sofort klar machen, was Ziel der Arbeit ist und welcher Aspekt des Themas an welcher Stelle besprochen wird. Der nächste Schritt ist dann das Vorwort, in dem Ziel, Methoden und Gang der Arbeit erläutert sein sollten. Kommt man nun zu dem Schluss, dass einzelne Aspekte des Buches wichtig für das Thema sind, so liest man gezielt die entsprechenden Kapitel. Es kann aber auch durchaus der Fall sein, dass man das ganze Buch für das Thema lesen sollte.

Wie schütze ich mich vor Lawinen? Wenn Sie das Schneeballsystem (vgl. S. 50) verwenden, droht Ihnen bei dieser Strategie die Gefahr, dass Sie in einer Lawine von Literatur ertrinken. Das sieht ungefähr so aus: Sie starten frohgemut mit einer Quelle, und diese Quelle gibt Ihnen Hinweise auf weitere Quellen, die Sie zu Ihrem Thema nutzen können – also her damit. Und diese neuen Quellen geben Ihnen Hinweise auf weitere neue Quellen – also auch her damit. Das Problem, das dabei entstehen kann, ist folgendes: Jede dieser Quellen wird das Thema um eine neue Facette, eine neue Sichtweise bereichern, andere Ideen zu diesem Thema generieren, andere Ansätze, weitere Verfeinerungen, Verästelungen, Varianten. Es gibt kein wissenschaftliches Thema, das man nicht in hunderte von Einzelaspekten zerlegen kann, die alle wiederum ihren eigenen Literaturzweig begründen können. Das Problem dabei ist, dass Sie nun drohen, in der Flut dieser Varianten zu ertrinken: Welche dieser Varianten ist wirklich noch wichtig für das Thema, bei welchen können Sie sich mit einem einfach Verweis begnügen und welche vollständig ignorieren? Und noch schlimmer: Beginnen Sie nun, all diese Quellen zu lesen, zu sortieren und zu verstehen, droht Ihnen ein empfindlicher Verlust an Zeit, weil Sie sich zu lange mit irrelevanten Aspekten Ihres Themas beschäftigen. Und Ihre Motivation hat auch zu leiden, wenn Sie sich im Gestrüpp von Artikeln verheddern und dabei den Wald aus den Augen verliert, den Sie eigentlich zum Thema haben.

Klarer Fall: Sie müssen rechtzeitig erkennen, an welcher Stelle Sie abbrechen, welche Zweige der Literatur nicht mehr so tragfähig sind für Ihre Arbeit – das spart Zeit und Nerven. Aber wie? Zunächst einmal erkennt man, dass man die wichtigsten Aspekte des Themas erfasst hat, wenn man immer wieder auf die gleichen Argumente, die gleichen Quellen, die gleichen Autoren oder Theorien stößt. Das löst aber noch nicht das Problem, wann man mit der Literaturrecherche abbricht, wann man beschließt, dass es genug ist. Wie gehen Sie mit diesem Problem um? Eine Möglichkeit, damit umzugehen, ist eine Methode, mit der Sie die Relevanz einzelner Aspekte des Themas zuordnen können. Eine Methode dazu ist die uns bereits bekannte ABC-Analyse.

Informationen gewichten: ABC-Analyse. Die Methode ist rasch erklärt: Sie teilen die Informationen, die Sie im Laufe Ihrer Recherche aufnehmen, in drei Kategorien ein – A, B und C-Informationen. A-Informationen sind unmittelbar wichtig für das Thema und unverzichtbar, sie stehen ganz klar im Vordergrund, auch bei der Strukturierung des Themas. Ohne sie ist es nicht möglich, das Thema zu verstehen, zu beschreiben und angemessen zu bewerten. B-Informationen sind durchaus wichtig, ergänzen aber die A-Informationen. C-Informationen gehören zwar zum Thema, sind aber eher interessante Randaspekte: Zusatzinformationen, die man eher mit begleitenden Worten wie „im Übrigen", „darüber hinaus" oder „am Rande sei erwähnt" beschreibt. Klingt ein wenig abstrakt – schauen wir uns das am besten anhand des folgenden Beispiels an.

ABC-Analyse zum Thema „Die Krise der Europäischen Währungsunion"

Kategorie	Information	Erläuterung
A	Euro-Bonds zur Lösung der Euro-Krise	Das ist eine der Lösungsmöglichkeiten für die Krise, die müssen Sie erläutern und deren Folgen analysieren.
C	Peter Gauweiler klagt gegen den Europäischen Rettungsfonds	Die Tatsache, dass es Klagen gegen den Rettungsfonds gibt, ist möglicherweise wichtig, dass Peter Gauweiler einer von ihnen ist, ist nicht so relevant.
A	Theoretische Konzepte sprechen davon, dass die Euro-Zone kein optimaler Währungsraum ist	Hier liegt eine der fundamentalen Ursachen der Euro-Krise. Sie müssen die verschiedenen theoretischen Konzepte erläutern und auf die Europäische Währungsunion anwenden.

Kategorie	Information	Erläuterung
B	Der Vertrag zur Währungsunion untersagt die Finanzierung von Staatsschulden durch die Notenbank	Das kommt ein wenig auf das Thema an, in juristischen Arbeiten spielt das sicherlich eine wichtige Rolle, für die ökonomischen Ursachen und die politischen Optionen zur Beseitigung der Krise ist dies eher zweitrangig. Interessant ist aber, dass die Verträge die Gefahr einer solchen Politik bannen wollten.
B	Griechenland erhöht die Mehrwertsteuer	Das ist nur eine von vielen Maßnahmen zur Konsolidierung des Haushaltes. Die wichtige Information ist, dass die Griechen sparen.
C	Europa-Kläger werfen Richter des Verfassungsgerichtes Befangenheit vor	Politischer Schlachtenlärm – für eine ökonomische Analyse nicht relevant.
A	Die Europäische Zentralbank plant unbegrenzte Staatsanleihenankäufe	Eine geldpolitische Bombe, ohne die Sie dieses Thema nicht bewältigen können.
C	Eine Umfrage meldet, dass die Euro-Krise die größte Angst der Deutschen ist	Wie interessant – für die Boulevard-Presse, aber nicht für eine wissenschaftliche Arbeit.
C	Spanische Bürger protestieren gegen Angela Merkel, als diese Spanien besucht	Eine von vielen Demos, als Detail unwichtig. Allenfalls die zusammenfassende Information, dass sich die Feindseligkeiten in Europa steigern, ist einen Satz wert.
A	Wissenschaftler warnen vor einer Transferunion im Euro-Raum	Das ist eine der Lösungsmöglichkeiten für die Krise, die müssen Sie erläutern und deren Folgen analysieren.
A	Politiker diskutieren Mechanismen, um die Mitgliedstaaten zu mehr Schuldendisziplin zu zwingen	Das ist eine der Lösungsmöglichkeiten für die Krise, die müssen Sie erläutern und deren Folgen analysieren.

Sie sehen in dem Beispiel allerdings auch, dass die Gewichtung der Informationen nicht immer eindeutig ist, man kann da auch anderer Meinung sein – das kommt auch ein wenig auf die Themenstellung an, auf die fachliche Richtung (eine juristische Ausarbeitung gewichtet da sicher anders als eine politikwissenschaftliche oder eine wirtschaftswissenschaftliche Ausarbeitung) und natürlich auf die Adressaten und das Format, das Sie schreiben. Wer beispielsweise eine Hausarbeit schreibt zum Thema „Krise der europäischen Währungsunion", der wird eher die verschiedenen Theorien zu den optimalen Währungsräumen erörtern als jemand, der einen aktuellen Artikel über die Lage der Währungsunion schreibt.

Die Einteilung in A-, B- und C-Informationen hilft Ihnen auch bei der Literaturrecherche: Artikel mit C-Informationen werden nur kurz angelesen, vielleicht vorsichtshalber gespeichert und notiert, aber sicher nicht weiter verfolgt. Stoßen Sie also auf einen Literaturzweig, der aus Ihrer Sicht eher C-Informationen anbietet, so brechen Sie Ihre Suche in diesem Literaturzweig ab. Quellen, die sich mit A-Informationen beschäftigen, genießen hingegen Ihre volle Aufmerksamkeit. Weiterhin ist auch klar, dass eher A- als C-Informationen den Weg in Ihre Arbeit bzw. Ihren Artikel finden, und dass A-Informationen auch A-Themen sind und damit automatisch Kandidaten für Überschriften und Gliederungspunkte.

Was mache ich, wenn ich etwas nicht verstehe? Zwei Strategien zur Verarbeitung von Verständnisschwierigkeiten sind weit verbreitet und natürlich naheliegend, aber wenig zielführend: Ignorieren und kopieren. Ignorieren bedeutet, dass man diesen Aspekt des Themas einfach ausblendet – was schlecht möglich ist, wenn es einer der zentralen Punkte des Themas ist (oder das Thema selbst). Tun Sie das nicht.

Strategie Nummer zwei ist auch recht beliebt: Man kopiert einfach die Argumente der betreffenden Theorie, ohne sie zu verstehen. Also: Man stückelt aus der Literatur Sätze zusammen, von denen man vermutet, dass sie das Thema korrekt beschreiben, reiht Satz an Satz aneinander, ohne diese wirklich zu verstehen. Bisweilen versucht man sich darin, in einzelnen Sätzen Wörter auszutauschen oder die Sätze etwas umzustellen, damit es mehr nach einer eigenen geistigen Leistung aussieht – Durchwursteln auf niedrigem Niveau. Diese Strategie funktioniert nicht sonderlich gut, und zwar aus mehreren Gründen:

- Wenn man eine Sache nicht richtig versteht, kann man sie auch nicht richtig zusammenfassen, auch wenn Sie noch so viele Sätze zusammenkopieren. Das ist so ähnlich, als ob Sie keine Ahnung vom Kochen haben, aber etwas kochen wollen, und sich einfach nur die Zutaten aus dem Internet organisieren und in einen Topf werfen – glauben Sie im Ernst, dass das ein leckeres Essen werden kann? Wenn Sie eine Theorie nicht verstehen, werden Sie nicht wissen, welche Punkte wirklich wichtig sind (welche Zutaten in ihrem Menü im Vordergrund stehen) und welche Aspekte nur am Rand wichtig sind (in welchen Mengen und zu welchem Zeitpunkt man die Zutaten einsetzen soll). Man kann nichts sinnvoll und verständlich wiedergeben, was man nicht verstanden hat.

- Auch die Technik, einzelne Worte zu ändern oder Sätze umzustellen, geht oft in die Hose: Wenn man nicht versteht, was man da umstellt oder ändert, ist die Gefahr recht hoch, dass man die falschen Worte abändert oder die Sätze falsch umstellt, und dadurch den Sinn des Satzes verändert oder gar entstellt. Manchmal reicht es dafür, ein Wort durch ein Synonym auszutauschen, ein Komma zu verschieben oder einen Nebensatz umzustellen. Fehler dieser Art fallen jedem halbwegs vorinformierten Leser eines derartig fabrizierten Textes sofort auf. Um in unserer Analogie zu bleiben: Das ist so, also würden Sie in Ihrem Menü die Tomaten durch Ketchup ersetzen, weil Sie denken, dass es irgendetwas an Tomate schon tut – bei Mozzarella mit Tomaten eine blöde Idee.

- Die obigen beiden Punkte führen dazu, dass der erfahrene Leser rasch erkennt, an welcher Stelle Sie einen Text nicht verstanden und sich mit kopieren über die Runden retten wollen. Das wird dazu führen, dass er nachhakt. Wenn das bei Ihrem mündlichen Vortrag passiert, ist es sogar noch schlimmer als bei einem Text: Sie müssen dann davon ausgehen, dass der Saal erkennt, wo Sie ins Stolpern kommen und etwas nicht verstehen (alleine schon deswegen, weil Sie rot werden und anfangen zu stottern). Nur ausgebuffte Profis können solche Verständnislücken verbergen, und selbst die fliegen auf, wenn es präzise Nachfragen aus dem Publikum gibt. Und vertrauen Sie darauf: Es wird immer einer im Publikum sitzen, der es genauer wissen will oder es sogar selbst genauer weiß. Und selbst wenn Sie Ihre Arbeit nicht mündlich präsentieren müssen, bei der schriftlichen Arbeit gibt es dann eine schlechte Note und beim Zeitungsartikel einen ratlosen Leser oder – noch schlimmer – einen übellaunigen Ressortleiter. Gute Journalisten schreiben nur Dinge auf, die sie wirklich verstanden haben, denn nur so können sie komplizierte Sachverhalte auf 100 Zeilen aufschreiben. Der Weg zum Erfolg führt über ein ausreichendes Verständnis der Materie, über die man schreibt.

- Nicht zuletzt: Wenn Sie etwas nicht verstehen, bedeutet das, dass Sie Wissen, Erkenntnis und neue Einsichten verpassen. Abgesehen davon, dass Sie sich damit wertvoller Einsichten berauben, die Sie vielleicht auch privat oder beruflich weiter gebracht hätten, versäumen Sie damit eines der wichtigsten Ziele eines Studiums, einer Haus- oder Abschlussarbeit oder auch eines Artikels: Dass Sie sich neues Wissen aneignen, dass Sie lernen, wie man sich neues Wissen aneignet und sein neues Wissen anderen vermittelt. Wenn Sie das nicht wichtig finden – warum studieren Sie dann eigentlich?

Nun, was sollen wir also mit Verständnisschwierigkeiten tun, anstatt sie zu ignorieren oder zu kopieren? Zunächst einmal: Gehe zurück auf Los. Dort anfangen, wo das Verständnis ausgesetzt hat, und nachhaken. Oft hilft es, andere Quellen heranzuziehen, die das gleiche Problem oder die gleiche Theorie mit anderen Mitteln, Modellen oder Worten darstellen. Und je mehr verschiedene Darstellungen einer Sache man kennenlernt, umso größer ist die Chance, dass man sie versteht. Wenn Ihnen allerdings Grundlagen fehlen (Sie beispielsweise nicht die Mathematik verstehen, die ein Artikel anwendet), dann müssen Sie zurück zur Grundlagenliteratur (beispielsweise „Mathematik für Sozialwissenschaftler") oder zu den Unterlagen Ihrer letzten Grundlagenvorlesung, in der das alles behandelt wurde. In der Regel sollte Ihr Thema auch so gewählt sein, dass Sie es mit dem Handwerkszeug bewältigen können, das man Ihnen im Verlauf Ihrer bisherigen Ausbildung bereits an die Hand gegeben hat. Das gilt auch für Journalisten: Für die tägliche Berichterstattung sollten die Kenntnisse, die Sie im Studium erworben haben, zur Bearbeitung des Themas ausreichen – schließlich arbeiten Sie im Idealfall ja als Fachjournalist für Ihr eigenes Thema. Und im Geschäftsleben gilt dies ohnehin – man hat Sie ja wegen Ihrer Fachkenntnisse eingestellt. Oder wegen Ihrer Fähigkeiten, sich rasch in eine neue Materie einarbeiten zu können, also genau jene Fertigkeit, bei der Ihnen dieses Buch helfen soll.

Mathematik. Noch eine Anmerkung zu mathematisch formulierten Artikeln: Jede gute Theorie kann mathematisch formuliert werden, und zumindest in den Wirtschaftswissenschaften werden viele Theorien auch so formuliert. Nicht immer reichen die persönlichen Kenntnisse aus, um jeden Rechenschritt nachzuvollziehen. Lassen Sie sich davon nicht entmutigen. Nachrechnen müssen Sie die Rechenschritte meistens nicht. Wichtiger ist zunächst einmal, dass Sie versuchen, den Kern, die Idee des betreffenden Artikels zu verstehen. Das sollte mit Hilfe der Zusammenfassung und der Einleitung möglich sein. In der Regel wird bei solchen Artikeln in einem ersten Schritt das Modell in einen größeren Zusammenhang gestellt und erläutert, welche Stelle es im Rahmen der herrschenden Debatte einnimmt und welche Ergebnisse das Modell liefert. Das sollte eigentlich zu verstehen sein.

Dann kommen die Abschnitte mit dem Modell, die in der Regel damit beginnen, dass einige Annahmen gemacht und ein paar erste Gleichungen aufgestellt werden – hier können Sie zumeist noch einhaken, indem Sie die Annahmen nachvollziehen und sich die ersten Gleichungen ansehen. Der letzte Punkt ist recht hilfreich und in der Regel gut zu bewältigen: Viele Modelle fangen mit einfachen Gleichungen an, oftmals irgendwelche Verhaltensgleichungen. Die Variablen, die das Modell nutzt, sind im Text erklärt, so dass man in der Regel zumindest die Ausgangsgleichungen nachvollziehen kann. Damit hat man viel gewonnen, da in diesen Ausgangsgleichungen viele Annahmen des betreffenden Modells enthalten sind. Man gewinnt damit einen ersten Eindruck von der Mechanik dieses Modells. Im Folgenden sollte man versuchen, die Gedanken des Artikels nachzuvollziehen – dazu muss man nicht jeden mathematischen Schritt nachvollziehen können, den der Artikel macht. Wichtig ist es immer nur, die Annahmen und Erläuterungen hinter den Formeln zu verstehen. Wenn Sie allerdings zu dem entsprechenden Thema eine Dissertation schreiben oder aber Ihre Arbeit speziell auf dieses Modell ausgerichtet ist und der Adressat Ihrer Arbeit auch erwartet, dass Sie sich mit der Mathematik auseinandersetzen, dann müssen Sie wohl in den sauren Apfel beißen und das auch tun. Vielleicht legen Sie sich dann die entsprechenden einführenden Lehrbücher gleich daneben.

Emergency Call: Wen kann man Fragen? Gut, die Bedingungen sind leider nicht immer ideal: Sie müssen über ein Thema schreiben, das so gar nicht Ihres ist, und die Vorkenntnisse sind auch nicht da – eine Situation, die Ihnen vor allem als Journalist leicht passieren kann. Was also nun? In den seltensten Fällen hat man die Zeit, sich ein neues Studium zu erarbeiten, also müssen Alternativen her. Hier hilft nur noch eines: Fragen stellen. Als Student versuchen Sie es bei Ihrem Dozenten (oder dessen Mitarbeitern) oder aber bei Kommilitonen aus dem höheren Semester oder aber gezielt im Freundes- und Bekanntenkreis. Hier können Sie endlich einmal Facebook sinnvoll einsetzen. Als Journalist haben Sie es da leichter – Sie rufen einfach ein paar Experten an und lassen sich das erklären. Klingt einfach, wirft aber zwei Fragen auf: Woher nimmt man die Experten und was fragt man die? Eine Antwort auf die Suche nach Experten gibt Ihnen der folgende Kasten.

Woher kommen meine Kontakte?

Ihre erste Quelle für Kontakte sind soziale Netzwerke wie Fachschaften, Studentenvereine, Facebook oder Xing: Hier finden Sie Gleichgesinnte, Bekannte oder Freunde, die Ihnen vielleicht weiter helfen können. Auf Xing finden Sie auch Experten für ein bestimmtes Thema. Wer als Journalist arbeitet, ruft Pressestellen von Verbänden, Unternehmen oder Regierungsinstitutionen an. Experten finden sich auch an den Universitäten und anderen Forschungseinrichtungen (viele dieser Institutionen haben auch eine Webseite für die Presseabteilung), und als Journalist hat man immer die Möglichkeit, dort anzurufen und sich durchzufragen. Einen Einstieg in das Suchen von Adressen finden Sie beispielsweise bei der Zeitschrift „Der Journalist" (journalist.de). Eine weitere, für Journalisten unverzichtbare Quelle für Kontakte sind Abendveranstaltungen mit Lachshäppchen: Preisverleihungen, Diskussionsforen, Vorträge und Ähnliches. Auf diesen Veranstaltungen lernt man eine Menge Leute kennen, mit denen man Adressen austauschen kann – und schon hat man wieder sein Netzwerk erweitert. Hier baut man als Journalist sozusagen vorbeugend ein Netzwerk von potentiellen Hilfen auf, auf die man im nächsten Notfall zugreifen kann. Wer als Journalist kein Netzwerk hat, kann auch nichts Neues schreiben, sondern nur das aufschreiben, was andere bereits geschrieben haben.

Ich schreibe, also verstehe ich. Nun gut, Sie haben also Ihre Quellen gelesen und wollen nun zur Sache schreiten – können Sie jetzt das, was Sie gelesen haben, aufschreiben? Das kommt drauf an. Im Grunde genommen ist das Aufschreiben der Test, ob Sie das wirklich verstanden haben: Wenn Sie in der Lage sind, das Gelesene mit eigenen Worten zusammenzufassen, sind die Chancen ziemlich gut, dass Sie das Thema in der Tat verstanden haben. Wichtig dabei ist aber, dass Sie nicht versuchen, einfach Sätze aus den Quellen aneinander zu reihen, sondern dass Sie in der Lage sind, das Thema mit eigenen Worten, mit eigenen Beispielen und Bildern wiederzugeben. Lösen Sie sich vollkommen vom Text der Quellen, legen Sie alle Bücher beiseite und versuchen Sie, den Kern des Themas sich selbst (oder einem Freund, Eltern, Geschwistern) mit eigenen Worten zu erklären. Und immer, wenn Sie ins Stocken kommen, wenn Sie merken, dass es in Ihrem Bauch rumort, dass Sie Verlegenheitswörter benutzen („irgendwie", „so ein…") oder sich Ihre Sätze in die Länge ziehen und im Nichts verlaufen, dann müssen Sie zurück an den Schreibtisch, zurück zum Text. Zugegeben, das ist nicht leicht, sich einzugestehen, dass man etwas noch nicht begriffen hat, aber immer noch besser, Sie stellen sich selbst die kritischen Fragen, als dass es später Ihr Dozent, Chef, Chefredakteur oder der Leser tut. Erst wenn Sie ein Thema mit eigenen Worten wiedergeben können, eigene Bilder und Beispiele kreieren können, sollten Sie mit dem Schreiben loslegen. Und damit das leichter geht, muss man sein Thema auch gut strukturieren können – wie macht man das?

Das Exposé

Unter Umständen kann es nötig sein, ein Exposé einzureichen, beispielsweise, wenn Sie einen Doktorvater suchen oder mit Ihrem Dozenten ein Thema für Ihre Abschlussarbeit vereinbaren wollen. Ein Exposé sollte folgende Fragen beantworten: Mit welchem Thema beschäftigt sich die Arbeit? Welches Ziel verfolgt sie? Warum ist das Thema relevant, warum ist es für den Verfasser und die Zielgruppe der Arbeit von Interesse? Wie ist der bisherige Forschungsstand zu diesem Thema, welches sind die wichtigsten Quellen? Welche Arbeitshypothese, welches Forschungsziel hat die Arbeit, und mit welchen Methoden sollen die von der Arbeit aufgeworfenen Fragen beantwortet werden? Richtig erstellt, liefert das Exposé Ihnen auch eine Vorlage für Ihr weiteres Vorgehen. Es hilft Ihnen, Ihre Gedanken zu ordnen.

II. Strukturierungstechniken

Welche Technik? Strukturierungstechniken und -hilfen gibt es haufenweise, sie alle sind mehr oder weniger hilfreich und sinnstiftend. Die richtige Technik, den richtigen Weg gibt es nicht, das hängt davon ab, was für ein Thema und welche Vorlieben Sie haben. Aber grundsätzlich gilt: Sie können (und sollten) jede Arbeit, egal ob Hausarbeit, Zeitungsartikel, Vortrag oder Doktorarbeit, sorgfältig strukturieren, und genau dabei sollen Ihnen die hier vorgestellten Techniken helfen. *Auch dieser Abschnitt ist also nicht nur für jemanden, der eine wissenschaftliche Arbeit schreibt* – jedes Stück, egal wie kurz es ist, hat eine innere Logik, eine Struktur, und die gilt es, zuerst herauszuarbeiten. Die Mühe einer Strukturierung lohnt sich immer, auch für einen kleinen Zeitungszweispalter – wenn Sie das Thema einmal sauber strukturiert haben, schreibt sich auch der Zweispalter wie von selbst, das geht schneller als bei einem unstrukturierten Vorgehen und führt auch zu besseren und lesbareren (oder hörbareren) Resultaten.

Hier sollen zwei Techniken erörtert werden, die stellvertretend für zwei verschiedene Ansätze stehen: Zum einen ein systematischer, strukturierter Ansatz, bei dem man sich vom Allgemeinen zum Speziellen hangelt (Top-Down-Ansatz) und zum anderen ein Ansatz, bei dem man versucht, die vielen Ideefetzen und Schlagwörter sinnvoll zu ordnen (Metaplantechnik).

Systemtheorie: der Top-Down-Ansatz. Eine Möglichkeit, ein Thema sinnvoll zu strukturieren, besteht darin, es systematisch von ganz allgemeinen Aussagen immer tiefer auszuarbeiten zu seinen ganz speziellen Aspekten. Vielleicht macht ein Beispiel diese Idee deutlich: Nehmen wir einmal an, unser Thema lautet „Die Schuldenkrise der Europäischen Union" – wie können wir dieses Thema denn strukturiert angehen?

Im Sinne eines systemtheoretischen Vorgehens beginnen wir mit der obersten Abstraktionsebene des Themas, indem wir die Frage beantworten, was denn der Leser einer solchen Arbeit von uns erwartet. Das ist nicht so schwer: Er will wissen, was die Krise ausgelöst hat, er will verstehen, welche Probleme das mit sich bringt und er will wissen, welche Lösungsmöglichkeiten es gibt. Prima, damit haben wir doch die erste Ebene einer Strukturierung: Ursachen – Probleme – Lösungsansätze. Dieser Ansatz funktioniert bei vielen Themen, da er sehr allgemein ist.

Und jetzt kommt der Top-Down-Ansatz: Wir nehmen die drei Punkte der ersten Ebene (Ursachen – Probleme – Lösungsansätze) und gehen bei jedem Punkt mehr ins Detail, indem wir nun fragen, was sich denn hinter diesen Punkten verbirgt. Also: Bei den Ursachen finden wir in der Literatur verschiedene Punkte. Sagen wir einmal, es werden wiederum drei Punkte diskutiert: die Einführung der gemeinsamen Währung, die Schuldenpolitik der europäischen Staaten und die Finanzkrise. Damit haben wir auf der zweiten Ebene einen Punkt der ersten Ebene – die Ursachen – näher detailliert. Gleiches machen wir mit den anderen beiden Punkten: Bei den Problemen, die sich aus der Schuldenkrise ergeben, finden wir in der Literatur zum Beispiel auch drei Punkte: drohende Staatsbankrotte, ein Zusammenbruch des Finanzsystems und eine drohende Wirtschaftskrise. Bei den Lösungsansätzen finden wir unter anderem die Vorschläge, mehr Geld zu drucken, eine politische Union einzuführen und mehr Geld in die Schuldenstaaten zu transferieren. Damit haben wir aus den drei Punkten der ersten Ebene auf der zweiten Ebene dreimal drei, also neun Punkte generiert.

Sie erahnen es vielleicht: Damit haben wir schon so etwas wie einen ersten Gliederungsansatz entworfen, unsere Gliederung würde dann also wie folgt aussehen:

Eine Gliederung der ersten Ebene aus dem Top-Down-Ansatz

1. Ursachen der Schuldenkrise

2. Folgen der Schuldenkrise

3. Lösungsansätze

Eine Gliederung der zweiten Ebene aus dem Top-Down-Ansatz

1. Ursachen der Schuldenkrise

   1.1 Währungsunion

   1.2 Schuldenpolitik

   1.3 Finanzkrise

2. Folgen der Schuldenkrise

   2.1 Drohende Staatsbankrotte

   2.2 Zusammenbruch des Finanzsystems

   2.3 Drohende Wirtschaftskrise

3. Lösungsansätze

   3.1 Geld drucken

   3.2 Politische Union

   3.3 Finanztransfers

4. Zusammenfassung

Sie sehen, indem wir das Ganze nun mit Ordnungsnummern versehen und eine Zusammenfassung anhängen, haben wir schon eine fertige Gliederung erstellt. Eine Gliederung ist ja auch nichts anderes als eine hierarchische Strukturierung des Themas: Die oberen Gliederungspunkte 1 bis 3 entsprechen der ersten Stufe unserer Überlegungen, die Unterpunkte 1.1, 2.1, 3.1 und so weiter sind die jeweiligen Punkte auf der zweiten Ebene. Genau so entstehen Gliederungen: Man überlegt sich zuerst die wichtigsten Oberpunkte, um anschließend zu überlegen, welche Punkte denn nun zu den jeweiligen Oberpunkten gehören – das werden dann die Unterpunkte.

Dieses Verfahren lässt sich nun – je nach Art und Umfang der Arbeit – beliebig fortsetzen, Sie können nun beispielsweise den Punkt „Währungsunion" herausgreifen und fragen, welche Aspekte auf der dritten Ebene für diesen Punkt wichtig sind, beispielsweise die Theorie der optimalen Währungsräume, die im Vorfeld der Währungsunion geforderten Konvergenzkriterien und die unterschiedliche Ausgangssituation in den verschiedenen Mitgliedsstaaten. Dann würde sich der Gliederungspunkt eins entsprechend um eine Ebene erweitern:

Eine Gliederung der dritten Ebene aus dem Top-Down-Ansatz

1. Ursachen der Schuldenkrise

    1.1 Währungsunion

        1.1.1 Optimale Währungsräume

        1.1.2 Konvergenzkriterien

        1.1.3 Ausgangslage

    1.2 Schuldenpolitik

    1.3 Finanzkrise

Sie sehen, diese Methode kann man beliebig fortsetzen und auf diesem Weg einfach und elegant die Gliederung weiter ausbauen (Sie könnten nun beispielsweise den Punkt „Optimale Währungsräume" noch untergliedern in die verschiedenen Theorien zu optimalen Währungsräumen).

So funktioniert dieser Ansatz also: Sie fangen mit ganz wenigen Punkten an, die Sie in eine sinnvolle Reihenfolge bringen (Ursachen – Probleme – Lösungsansätze), und erweitern Ihre Gliederung einfach, indem Sie in einem nächsten Schritt zu jedem dieser Oberpunkte systematisch Unterpunkte generieren. In einem weiteren Schritt können Sie nun zu diesen Unterpunkten weitere Unterpunkte generieren – und so weiter. Der Vorteil dieses Ansatzes liegt darin, dass ein Thema, das so komplex und umfangreich erscheint, auf ganz einfache Weise in seine Bestandteile zerlegt wird. Die Gliederung ist eigentlich nur ein Abfallprodukt dieses Vorgehens.

Wie tief Sie dabei gehen, wie viele Unterpunktebenen Sie also wählen, hängt von der Art der Arbeit ab: Eine Dissertation hat sicherlich mehr Unterpunkte als ein Zeitungsartikel, den Sie aber natürlich auch nach dieser Methode strukturieren können. In einem Artikel wird die Gliederung zwar nicht konkret aufgeschrieben, aber natürlich sollte auch ein Artikel in sich schlüssig und logisch nachvollziehbar gegliedert sein – und genau dabei hilft diese Technik.

Eine Einstiegshilfe: Die Küchenzeile. Eine Hürde haben wir mit dieser Technik allerdings noch nicht überwunden: Wie sieht denn die erste Ebene einer Gliederung aus? Was ist sozusagen der Einstieg, womit fangen wir an? Eine falsche Grundstruktur kann rasch zu einer insgesamt schlecht strukturierten Arbeit führen, wie das folgende einfache Beispiel zeigt: Nehmen wir an, Sie wählen als Ausgangslage in der ersten Ebene folgendes: Geschichte der Krise – Probleme der Währungsunion – Die Rettungsaktionen der EU. Ist das Ihre oberste Ebene, so gehen Sie jetzt wieder wie gewohnt vor und versuchen nun, sinnvolle Unterpunkte zu den drei Oberpunkten zu generieren. Versuchen Sie es – es wird keine gute Gliederung daraus. Entweder es entgehen Ihnen einige der Punkte, die wir in der ersten Version hatten oder aber es wird ein heilloses Durcheinander. Ein falscher Einstieg vermasselt also die ganze Arbeit.

Gibt es Abhilfe? Ein wenig ist es schon eine Kunst, eine Arbeit oder einen Text sinnvoll zu gliedern, aber auch hier gibt es Kniffe, und einer davon ist die Küchenzeile, die wir bereits kennen gelernt haben: Stellen Sie sich vor, Sie haben einen anstrengenden Tag hinter sich, mit vielen Erlebnissen (immerhin stecken Sie mitten in der Krise der EU), und jetzt kommen Sie nach Hause. Sie machen die Tür auf, und in der Küche steht Ihr Lebensabschnittsgefährte/in und ruft laut aus der Küche: „Wie war Dein Tag, Schatz?". Sie werden, erschöpft und entkräftet, einen Satz durch den Flur schicken: „Die EU steckt in einer tiefen Schuldenkrise, die Folgen sind dramatisch, und wir wissen noch nicht, was wir tun sollen". Das ist Ihre Küchenzeile. Sie umfasst in einem Satz den Kern des Problems, die Quintessenz Ihrer Arbeit, das Thema Ihres Artikels: Ursachen („Die EU steckt in einer tiefen Schuldenkrise), Folgen („dramatisch") und Lösungsansätze („Wir wissen noch nicht, was wir tun sollen").

Besonders bei journalistischen Texten eignet sich die Küchenzeile, man kann sie häufig als ersten Satz eines Artikels einsetzen: „Die EU steckt in der tiefsten Krise Ihrer Geschichte, mit unabsehbaren Folgen – und noch ist nicht klar, wie der Königsweg zur Rettung aussieht". Zack, da ist sie, die Küchenzeile, und zugleich die Gliederung Ihres Artikels. Die Küchenzeile kann auch der fulminante Einstieg in Ihre Präsentation sein – damit werden wir uns im nächsten Kapitel beschäftigen. Zuvor noch eine alternative Technik zur Strukturierung Ihres Themas, die einfach und effektiv ist: die Metaplan-Technik.

Metaplan-Technik. Die Grundidee der Metaplan-Technik ist einfach: Man zerlegt sein Thema in einzelne Problemkomplexe (manche sagen auch „Problemwolken") und ordnet die verschiedenen Begriffe und Aspekte, die mit dem Thema verbunden sind, den jeweiligen Wolken zu. Hört sich kompliziert an, ist aber schnell gemacht – nehmen wir doch wieder unser Beispiel: die Krise der Europäischen Union.

Nachdem Sie sich in das Thema eingelesen haben (vorher ist der Versuch, eine Gliederung zu entwerfen, wenig erfolgversprechend), haben Sie den Kopf voller verschiedener Begriffe und wissen nicht, wie Sie das folgend dargestellte Begriffs-Chaos in eine Ordnung bringen sollen.

Begriffssammlung zum Thema Euro-Krise

Verfassungs-gericht	USA, Dollar	Kapitalflucht	Staats-verschuldung	Umschuldung
Irland, Griechenland, Portugal, Spanien	Rating-Agenturen	Staatsbankrott	Target-Salden	Fiskalunion
Kapitalmärkte	Bankenkrise	Optimaler Währungsraum	Wachsende Leistungsbilanz-defizite	Sinkende Wettbewerbs-fähigkeit
ESM, EFSF	Europäische Zentralbank	Zinskonvergenz	Umschuldung	Höhere Inflation

Dieses Begriffs-Chaos zu ordnen geht nur Schritt für Schritt. In einem ersten Schritt suchen Sie sich drei, vier, maximal fünf Oberbegriffe, mit denen Sie das Thema am besten beschreiben können, also Begriffe, die sozusagen eine Oberkategorie bilden. Da wäre beispielsweise der Begriff „Akteure" – unter diesen Oberbegriff können Sie viele der anderen gesammelten Begriffe ablegen: Rating-Agenturen, die Länder, die Europäische Zentralbank, die Kapitalmärkte, all das kann man unter dem Oberbegriff „Akteure" bündeln. Ein anderer Oberbegriff könnte wohl „Folgen" sein, darunter passen beispielsweise die Leistungsbilanzdefizite, die Wettbewerbsfähigkeit oder die Inflation. Sie merken – die Kunst besteht hier darin, wenige passende Oberbegriffe zu finden. Nehmen Sie ein Blatt Papier (Geübte machen das im Kopf) und schreiben Sie diese Begriffe auf – flächig verteilt über das Blatt. Das sieht dann so aus wie in der untenstehenden Abbildung. In der Abbildung haben wir vier Oberbegriffe genommen und sie als Begriffswolken aufgezeichnet – jeder Kreis steht für einen dieser Oberbegriffe.

Im nächsten Schritt können Sie nun all die verschiedenen Begriffe, Ideen und Wörter, die sich in Ihrem Kopf (oder aber auf einem anderen Stück Papier) gesammelt haben, jeweils einer Wolke zuteilen. Die verschiedenen Länder beispielsweise kommen zur Wolke „Akteure", ebenso wie die EZB, der ESM oder die Rating-Agenturen, zur Wolke „Folgen" kommen dann beispielsweise die Zinskonvergenz, die Inflation und die Leistungsbilanzdefizite. Jede Wolke bekommt eine ganze Menge Begriffe zugeordnet. Damit sind Sie schon fast fertig.

In einem letzten Schritt überlegen Sie, wie der sachliche Zusammenhang zwischen den verschiedenen Wolken ist. Dieser könnte beispielsweise wie folgt aussehen: Wenn Sie zuerst die Ursachen der Krise erörtert haben, können Sie im zweiten Schritt das Verhalten und die Motive der Akteure aufgreifen, um dann aus deren Verhalten die Folgen der Krise herzuleiten. Und in einem letzten Schritt können Sie dann die Lösungsansätze diskutieren. Diese Abfolge der Argumente wird in der Abbildung mit den schwarzen Pfeilen dargestellt. Eine andere Möglichkeit wäre es, zuerst die Ursachen zu erörtern, dann die Folgen der Krise darzustellen, um dann auf die Rolle der Akteure einzugehen und aus deren Rolle die Lösungsansätze zu entwickeln – dieser Gang der Argumentation ist durch die gestrichelten Pfeile gekennzeichnet.

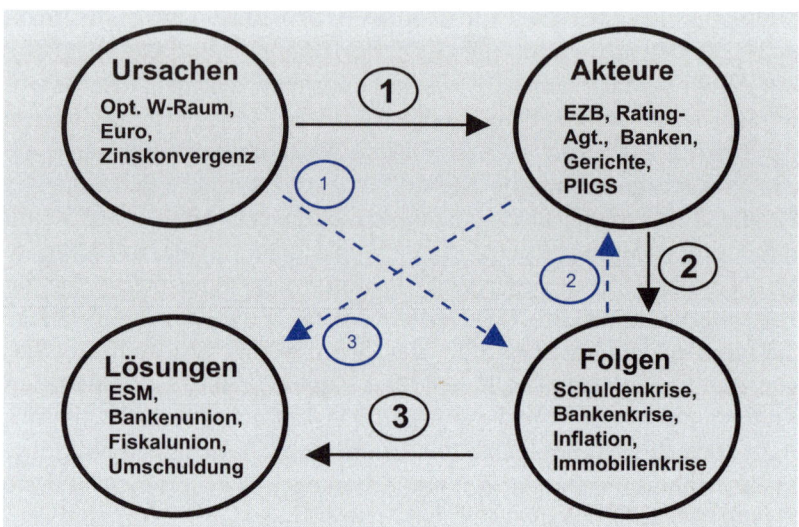

Metaplan-Analyse zur Eurokrise

Damit haben Sie die Grobgliederung fertig – jede der Wolken stellt einen der obersten Gliederungspunkte dar. Orientieren wir uns an der Reihenfolge der Argumente, wie sie mit den durchgezogenen Pfeilen dargestellt ist, ergibt das:

Eine einfache Grobgliederung aus der Metaplan-Analyse

1. Ursachen der Krise

2. Akteure der Krise

3. Folgen der Krise

4. Lösungsansätze

Wenn Sie die Dramaturgie der gestrichelten Pfeile verfolgen, dann tauschen Punkt drei und Punkt zwei in der obigen Gliederung einfach die Plätze. Welche der beiden Varianten Sie nehmen, ist Ansichtssache – auch hier gilt: Es gibt keine richtige oder falsche Lösung.

Jetzt kommt der nächste Schritt – aus all den Punkten, die Sie unter die Oberpunkte geschrieben haben, machen Sie dann die jeweiligen Gliederungsunterpunkte. Wenn Sie also zu der Wolke „Akteure" die Länder, die EZB und die Rating-Agenturen geschrieben haben, dann sieht dieser Gliederungspunkt wie folgt aus:

Eine Gliederung der zweiten Ebene aus der Metaplan-Analyse

2. Akteure der Krise

2.1 Die Staaten: Irland, Spanien, Griechenland und Portugal

2.2 Die EZB

2.3 Die Rating-Agenturen

Gleiches machen Sie für die anderen Oberbegriffe (beziehungsweise Wolken), und schon haben Sie eine fertige Gliederung.

So funktioniert die Metaplan-Technik also zusammengefasst: Zuerst finden Sie drei bis maximal fünf Oberbegriffe und ordnen diese auf einem Blatt Papier zu Begriffswolken an. Dann ordnen Sie jeder dieser Wolken alle Begriffe und Schlagwörter aus Ihrer Begriffssammlung entsprechend zu. Im nächsten Schritt stellen Sie die Begriffswolken in eine sinnvolle Reihenfolge – und schon haben Sie die erste Grundgliederung. Dieses Verfahren können Sie natürlich auf der nächsten Ebene wiederholen – genauso wie bei dem systemtheoretischen Ansatz.

Diese beiden Techniken sollen Ihnen dabei helfen, eine eigenständige Gliederung zu entwerfen, was gleichbedeutend damit ist, dass Sie Ihr Thema auch intellektuell besser erfassen, durchdringen und verstehen. Wer ein Thema strukturiert, versteht es, und wer die Struktur seines Themas verstanden hat, kann neue Quellen und Schlagwörter rasch einordnen und zuordnen. Dadurch wird man in der Recherche schneller, nicht zuletzt deswegen, weil man gezielter suchen und bei neuen Quellen rascher einschätzen kann, ob sie relevant und notwendig für das Thema sind.

Sie sollten also unbedingt versuchen, Ihr Thema auf die eine oder andere Art zu strukturieren, nicht zuletzt auch deswegen, weil Sie dieses dann leichter verstehen. Die Schwierigkeit allerdings liegt darin, die richtigen Oberbegriffe zu finden, mit denen man den ersten Gliederungsentwurf auf die Beine stellen kann. Dabei hilft es, ein paar grundlegende Strukturierungsmöglichkeiten zu kennen – die wollen wir uns im nächsten Punkt einmal näher ansehen. Vorher noch – für den Wissenschaftsbetrieb – kurz ein paar formale Aspekte zu Gliederungen.

Gliederungen: Formale Aspekte. Die obigen Beispiele waren allesamt nach dem sogenannten numerischen Prinzip gestaltet: Die Hauptabschnitte werden laufend, beginnend mit eins, durchnummeriert. Unterabschnitte werden entsprechend mit weiteren Ziffern versehen, der erste Unterpunkt zum Hauptpunkt zwei ist dann Punkt 2.1. Gibt es einen Unterpunkt zu Punkt 2.1, so wird dieser als Punkt 2.1.1 bezeichnet. Wichtig bei einer Gliederung egal welcher Art ist, dass generell kein Gliederungspunkt alleine stehen darf, wenn es also einen Punkt 2.1.1 gibt, muss es zwingend auch einen Punkt 2.1.2 geben – ansonsten wäre der Punkt 2.1.1 einfach nur Punkt 2.1. Weiterhin sollten Sie darauf achten, dass nicht jeder Absatz seinen eigenen Gliederungspunkt bekommt.

Eine Alternative zum numerischen Gliederungssystem ist das sogenannte alpha-numerische Gliederungssystem, das eine gemischte Ordnung hat. Das sieht dann in etwa wie folgt aus:

Alpha-numerisches Gliederungssystem

A. Lateinische Großbuchstaben

I. Römische Zahlen

1. Arabische Zahlen

a. Lateinische Kleinbuchstaben

α. Griechische Buchstaben

Welches der beiden Systeme Sie verwenden, ist letztlich Geschmackssache – außer es gibt eindeutige Vorschriften der Hochschule bzw. Organisation, für die Sie Ihre Arbeit anfertigen.

III. Beispiele für Gliederungen

Wie gliedere ich mein Thema? Es gibt viele Möglichkeiten für eine Gliederung – chronologisch, analytisch, argumentativ (These – Antithese, pro – contra) oder didaktisch. Wichtig dabei ist: Es gibt nicht die richtige Gliederung, sondern viele verschiedene Möglichkeiten, die alle ihre Vor- und Nachteile haben. Die Form der Gliederung ist eine Frage des Themas, des Formats (Artikel, Hausarbeit, Referat), des Ziels des Referenten, des Publikums und der persönlichen Vorlieben. Aber auch hier gilt: Implizit hat auch ein kleiner Artikel eine solche Gliederung, weswegen die folgenden Beispiele auch jedem nützen, der ein Stück schreiben oder einen Vortrag vorbereiten muss. Wir wollen uns hier einmal einige Gliederungsbeispiele anschauen und ihre Vor- und Nachteile abwägen.

Empirische Studie. Empirische Studien, also solche, die mit Daten arbeiten, sind zumeist recht einfach zu gliedern: Man erläutert zuerst die Problemstellung, bildet eine Hypothese, referiert dann den Stand der Literatur. Danach erläutert man die Daten und Methoden, die man verwendet, präsentiert und interpretiert anschließend die Ergebnisse und macht eine Zusammenfassung. Das ist kurz, knapp und auf den Punkt. Mit dieser Form der Gliederung kann man selbstverständlich auch einen Zeitungsbericht über eine empirische Studie gliedern.

Gliederung einer empirischen Arbeit

1. *Problemstellung*

2. *Stand der Literatur*

3. *Datenmaterial und Methoden*

4. *Resultate*

5. *Diskussion der Resultate*

6. *Zusammenfassung/Ausblick*

Lösung eines Praxisproblems. Bei dieser Fragestellung geht es darum, ein konkretes Problem in der Praxis zu lösen – zum Beispiel ein betriebliches oder ein volkswirtschaftliches Problem. Dazu stellt man das Problem zunächst vor und erörtert dessen Bedeutung, danach beleuchtet man den theoretischen Hintergrund der Fragestellung. Darauf folgt ein wichtiger Abschnitt: Jedes Problem hat immer mehrere Dimensionen, also Kriterien, nach denen man verschiedene Lösungsmöglichkeiten beurteilen kann. Diese arbeitet man nun heraus. Diskutiert man beispielsweise Lösungsansätze für das Euro-Problem, so muss man die Lösungen darauf abklopfen, ob sie a) die Stabilität des Finanzsektors gewährleisten, b) die Haushalte der Staaten nicht überlasten und c) den Euro-Raum zusammenhalten. Diese verschiedenen Kriterien – man könnte auch sagen, es handelt sich um Ziele – erläutert man in einem ersten theoretischen Schritt. Der entscheidende Abschnitt ist schließlich: Man stellt die verschiedenen Lösungsoptionen vor und klopft sie daraufhin ab, inwieweit sie die zuvor erläuterten Kriterien (oder Ziele) erreichen oder verletzen.

Gliederung einer Arbeit zur Lösung eines Praxisproblems

1. *Problemstellung und Bedeutung*

2. *Theoretische Behandlung des Problems*

3. *Bewertungskriterien*

    3.1. Stabilität des Finanzsektors

    3.2. Belastung der nationalen Haushalte

    3.3. ...

4. *Alternative Lösungsansätze*

    4.1. Euro-Bonds

    4.2. Schuldenunion

    4.3. ...

5. *Resultat*

6. *Zusammenfassung/Ausblick/Empfehlungen*

Der Clou an dieser Form der Gliederung liegt in ihrer Symmetrie: Zuerst erläutert man die Beurteilungskriterien (Punkte 3.1, 3.2 usw.), dann arbeitet man bei jedem Lösungsvorschlag genau diese Beurteilungskriterien in der gleichen Reihenfolge ab. Also werden unter Punkt 4.1 die Euro-Bonds zuerst daraufhin untersucht, ob sie den Finanzsektor stabilisieren (analog zu Punkt 3.1), und dann, ob Eurobonds die nationalen Haushalte belasten (analog zu Punkt 3.2). Der Leser hat mit dieser Form der Gliederung jederzeit die Übersicht, was in dieser Arbeit gerade wo gemacht wird, und der Schreiber vergisst nicht einzelne Punkte. Diese Struktur einer Gliederung kann man bei sehr vielen wissenschaftlichen Themen nutzen.

Historische Gliederung. Eine Struktur für historische Themen zu finden, kann eine heikle Aufgabe sein. Sie lassen sich auf verschiedene Arten gliedern, jede hat ihre Vor- und Nachteile. Das folgende Muster zeigt eine chronologische Gliederung: Man klärt zuerst alle theoretischen Aspekte, die man benötigt, dann diskutiert man das Thema in chronologischer Reihenfolge. Der Vorteil dieser Art der Gliederung besteht darin, dass man das Thema in seinem zeitlichen Ablauf darstellen kann – das ist für den Leser meistens recht übersichtlich und gut zu folgen.

Gliederung einer Arbeit zu einem historischen Thema

1. *Problemstellung*

2. *Theoretische Aspekte*

3. *Die erste Phase*

4. *Die zweite Phase*

5. *Weitere Phasen ...*

6. *Zusammenfassung/Ausblick*

Der Nachteil dieser Art von Gliederung besteht darin, dass man das Thema eben nur chronologisch erzählt – inhaltliche, theoretische Zusammenhänge wiederholen sich oft, überlappen sich und drohen ungeordnet in der Arbeit an allen möglichen Stellen aufzutauchen. Umso wichtiger ist es, dass der Abschnitt zu den theoretischen Aspekten gut gestaltet ist, denn man kann (muss) im weiteren Verlauf der Arbeit an entsprechender Stelle immer wieder darauf Bezug nehmen.

Alternativ kann man historische Probleme durchaus auch mit einer anderen, nicht chronologisch geordneten Gliederung bearbeiten (wie beispielsweise im vorherigen Gliederungsbeispiel für ein Praxisproblem). Das hat den Vorteil, dass man inhaltlich stärker auf die theoretischen Zusammenhänge abstellen kann, allerdings um den Preis, dass man die chronologische Ordnung verliert. Welche die angemessene Gliederung ist, ist Ermessens- und Geschmacksfrage.

In die Kategorie der historischen Gliederung fällt auch die Idee, ein Thema anhand der verschiedenen Autoren zu diskutieren, die sich zu dem betreffenden Thema geäußert haben. Man stellt zuerst das Problem vor, dann die Sichtweise der verschiedenen großen Denker, die dazu Stellung bezogen haben. Naturgemäß ist die Reihenfolge der Autoren dann eher historisch gestaltet, weil ein Autor in der Regel auf den Erkenntnissen früherer Autoren aufbaut. Statt auf einzelne Autoren kann man in dieser Gliederungsform auch allgemeiner auf verschiedene Denkschulen zum behandelten Thema abstellen.

Gliederung einer Arbeit nach Autoren oder Denkschulen

1. *Problemstellung*

2. *Theoretische Aspekte*

3. *Autor/Schule Eins*

4. *Autor/Schule Zwei*

5. *Autor/Schule Drei*

6. *Weitere Autoren/Schulen*

7. *Zusammenfassung/Ausblick*

Exkurse und Fußnoten. Gelegentlich finden sich in wissenschaftlichen Arbeiten Exkurse – diese sollten Sie vermeiden. Ein Exkurs ist immer auch ein Hinweis darauf, dass der Autor hier auf einen Themenaspekt stößt, den er zwar als wichtig erachtet, der aber nicht in die Gliederung passt. Wenn dieser Aspekt aber wirklich wichtig ist, warum passt er dann nicht in die Gliederung?

Mit anderen Worten, wenn Sie auf einen Exkurs stoßen, hat das zumeist einen von zwei Gründen: Entweder ist die Gliederung nicht gelungen oder der Verfasser hatte noch eine Menge (weniger wichtiges) Material, das er nicht einfach so in der Schublade verschwinden lassen wollte – also jubelt er es dem Leser als Exkurs unter oder in Form einer episch langen Fußnote.

Sie sehen, beide Argumente deuten darauf hin, Exkurse möglichst zu vermeiden. Bevor Sie also eine lange Fußnote oder einen Exkurs anlegen, prüfen Sie, ob der erste Fall vorliegt und sich Ihre Gliederung sanieren lässt, mit dem Ziel, das Exkursthema ordentlich zu integrieren. Im zweiten Fall akzeptieren Sie, dass man in einer Arbeit, einem Artikel nie alles unterbringen kann, was man dafür recherchiert hat. Sie werden mehr als einmal in eine falsche Richtung recherchieren (obwohl Sie dieses Risiko minimieren können, wenn Sie den ersten Abschnitt dieses Buches sorgfältig studieren), aber warum wollen Sie Ihre Leser dafür bestrafen, indem Sie ihnen einen Exkurs aufnötigen oder ihren Lesefluss durch Endlos-Fußnoten unterbrechen? Dass man dennoch nicht immer um einen Exkurs herumkommt, zeigt Ihnen der folgende zum Thema „Geschäftsbericht".

Der Geschäftsbericht

Geschäftsberichte sind eine Mischform der Unternehmenskommunikation: Sie erfüllen zum einen gesetzliche Vorgaben, zum anderen sollen sie das Unternehmen nach Außen präsentieren, aber auch nach Innen die Mitarbeiter ansprechen. Kapital- und große Personengesellschaften sind per Gesetz dazu verpflichtet, zusätzlich zu ihrem Jahresabschluss einen Geschäftsbericht zu veröffentlichen. Zu den festen Bestandteilen des Geschäftsberichts gehören der Jahresabschluss, der Bericht vom Aufsichtsrat und vom Vorstand, Lageberichte zur allgemeinen Geschäftsentwicklung, zur Entwicklung in den einzelnen Sparten und zu Dingen wie Personalfragen, Umwelt und Forschung. In bestimmten Fällen hält man sich hier einfach an Standards (die man am einfachsten aus den Geschäftsberichten großer Gesellschaften kopiert), auch um rechtlich abgesichert zu sein – das gilt auch für bestimmte Sprachregelungen.

Der Geschäftsbericht soll aber zugleich auch Informationen für Aktionäre und Anleger bereitstellen, die sich über ihr Unternehmen informieren wollen. Und wer sich informieren will, schwimmt nicht gerne durch ein unstrukturiertes Meer von Zahlen – Diagramme und übersichtliche Grafiken sollten dem Leser einen schnellen Überblick verschaffen. Die Leser wollen neben den Daten zur Geschäftslage Informationen zu aktuellen Entwicklungen, Planungen, Marktanalysen, Prognosen verständlich und kompakt lesen (weswegen Sie die Strukturierungstechniken, die sich in diesem Buch finden, bei der Gestaltung des Berichts anwenden sollten). Auch die Mitarbeiter eines Unternehmens werfen bisweilen einen Blick in die Geschäftsberichte, um sich über die Lage ihres Arbeitgebers zu informieren – vermutlich werden sie vor allem den Punkt „Personalentwicklung" aufmerksam lesen.

Wer einen guten Geschäftsbericht schreiben will, schaut sich am besten die Berichte anderer Unternehmen an – aber Vorsicht: Hier gibt es nicht nur vorbildliche Berichte. Gute Beispiele liefert die regelmäßige Kür des besten Geschäftsberichts durch ein deutsches Wirtschaftsmagazin (Palan 2011). Vorsicht auch hier vor Floskeln und Angliszismen, die sich in dieser Art Literatur seuchenartig verbreiten: „Der Jahresbericht ist in deutscher Sprache und in Euro aufzustellen", heißt es in Paragraph 244 des deutschen Handelsgesetzes. Laut einem deutschen Professor verstoßen viele Geschäftsberichte deutscher Unternehmen gegen diesen Paragraph, da es in ihnen nur so von angelsächsischen Ausdrücken wimmelt – corporate governance, sustainable, assets under management und so weiter (Olbrich, Fuhrmann 2011). Mehr Hinweise und Details zum Verfassen von Geschäftsberichten finden sich bei Bextermöller (2006).

IV. Zitieren und plagiieren

Um was geht es? Jede gute Arbeit zeichnet sich dadurch aus, dass sie auch ihre Quellen nennt. Das garantiert zum einen, dass der Leser im Zweifelsfall den Gedankengang des Verfassers nachvollziehen, dessen Angaben zu Daten oder Modellen überprüfen und gegebenenfalls weitere eigene Forschungen anstellen kann. Eine Arbeit ohne Literaturhinweise ist keine wissenschaftliche Arbeit. Zudem geht es auch um die Anerkennung von Leistungen Anderer: Wenn jemand eine brillante Idee hatte, mit viel Arbeit spannende Erkenntnisse zusammengetragen hat, auf die Sie sich in Ihrer Arbeit berufen, dann sollten Sie ihm auch die Anerkennung dafür zukommen lassen, indem Sie seine Schriften als Quellen angeben. Das gilt nicht nur für wissenschaftliche Arbeiten, sondern auch für Quellen, die Sie in Ihrer beruflichen und journalistischen Arbeit verwenden. Sie erwarten schließlich das Gleiche von jemandem, der sich später Ihre Arbeiten zunutze macht, oder?

Sinn und Unsinn von Zitierregeln und -vorschriften. Wenn diese Argumente Sie überzeugen können, dann müsste Ihnen auch umgehend einleuchten, warum zusätzlich gewisse formale Vorschriften zum Zitieren notwendig sind: Sie sorgen dafür, dass der Leser jederzeit rasch die Quellen findet, welche ein Autor genutzt hat. Stellen Sie sich vor, Sie stoßen bei Ihren Recherchen zu einem Thema auf die Bemerkung, dass Menschen sich oftmals von unwichtigen Fakten beeindrucken lassen – sie finden zum Beispiel Fleisch, das als „25 Prozent fettfrei" beschrieben wurde, attraktiver als Fleisch, das als „75 Prozent Fettanteil" beschrieben wird. Das klingt interessant, Sie möchten erstens wissen, ob das wirklich stimmt und zweitens, wo das steht. Hat der Verfasser der Quelle, aus der Sie diese Information haben, sorgfältig gearbeitet, können Sie das sofort und ohne Probleme nachvollziehen und eigene Studien betreiben. Wären Sie nicht verärgert, wenn der Verfasser hier keine Quellen nennen würde? Würden Sie ihm vertrauen? Eben. Ohne Zitierregeln keine Wissenschaft.[7]

---

[7] Das Beispiel mit dem Fleisch finden Sie bei Levin, Gaeth (1988).

Gut, nun können Sie argumentieren, dass dafür keine Zitierregeln notwendig sind – solange man irgendwie hinreichend kenntlich macht, wo man seine Informationen her hat und der Leser die Quelle finden kann, ist eigentlich alles in Ordnung, oder? Nicht ganz. Zunächst einmal wäre es ziemlich fürchterlich, wenn sich jeder seinen eigenen Zitierstil zurechtlegen würde – dann müsste sich der Leser bei jeder neuen Quelle auf eine neue Art, zu zitieren, einstellen. Unzumutbar. Deswegen hat man einheitliche Zitierregeln: Damit kein Zitier-Balkan entsteht, in dem jeder so zitiert, wie es ihm passt.

Und es gibt noch ein letztes Argument pädagogischer Natur: Zitierregeln sind so etwas wie gemeinsame Spielregeln, die sich eine Institution, eine Branche, auferlegt. Und Ihre Aufgabe als Neuling in dieser Branche ist es, diese Spielregeln zu lernen und zu befolgen. Wer sich nicht an Zitierregeln hält, zeigt, dass er entweder kein Interesse an den Geschehnissen in dieser Branche hat oder aber nicht in der Lage ist, einfache Spielregeln zu akzeptieren oder zu verstehen. In diesem Fall aber muss man sich fragen lassen, ob man am richtigen Platz ist oder ob nicht doch ein Wechsel in ein anderes Fach, eine andere Beschäftigung geraten wäre.

Also: Hinterfragen Sie nicht Zitierregeln und -vorschriften, Sie werden diese weder ändern können, noch bringt es Ihnen etwas, sich darüber aufzuregen. Halten Sie sich einfach an die Spielregeln – fertig. So, und nachdem wir die Sinnfrage geklärt hätten, wenden wir uns den wichtigen Fragen zu: Was zitieren wir und wie zitieren wir es?

Sinn und Unsinn formaler Anforderungen

Je nachdem, welcher Institution oder Branche Sie angehören, wird man verschiedene formale Anforderungen an Ihren Text, Ihr Manuskript stellen. Diese unterscheiden sich bisweilen erheblich, so dass es hier wenig sinnvoll ist, konkrete Gestaltungshinweise zu geben. Einige dieser Anforderungen sind sinnvoll, andere Geschmackssache. Manche Institutionen haben sogar Manuale für Sprachregelungen, in denen bestimmte Redewendungen für zulässig oder unzulässig erklärt werden (Ist Ihnen beispielsweise aufgefallen, dass in einer der größten und wichtigsten deutschen Tageszeitungen nie von US-amerikanischen Politikern oder US-Truppen die Rede ist? Diese Redewendung steht dort auf dem Index.). Aber es gilt wie bei den Zitierregeln: Es hat wenig Sinn, sich darüber zu ereifern und zu streiten. Egal ob Seitenzahlen, Inhaltsverzeichnis, Zeichengröße, Rand – was auch immer: Halten Sie sich daran. Erkundigen Sie sich bei der Fakultät oder Or-

ganisation, für die Sie schreiben, nach diesen Anforderungen, in der Regel hat jede Institution ein Manual, in dem diese Anforderungen dokumentiert sind, studieren Sie diese und halten Sie sich daran. Und noch einmal: Diskutieren ist einfach nicht sinnvoll.

Nicht alles zitieren. Eine Zitierstrategie besteht darin, alles zu zitieren, was man gelesen hat – teils aus Furcht praktiziert, etwas falsch zu machen, teils in dem Bestreben zu zeigen, wie fleißig man war und wie belesen man ist. Tun Sie das nicht. Erstens nervt es den Leser, wenn jede Binsenweisheit mit einer Fußnote versehen wird, und zweitens wittert der Profi rasch die Imponiergeste, die hinter exzessiven Literaturverzeichnissen steht. Seht her, was ich alles gelesen habe, soll das aufgeblähte Literaturverzeichnis verkünden – statt zu imponieren legt das jedoch den Verdacht nahe, dass hier jemand Qualität durch Quantität ersetzen will. Keine Frage – eine gute Arbeit braucht eine Menge Literatur, aber nicht jede Arbeit, die viel Literatur nutzt, ist automatisch gut.

Aber was zitiert man? Klar ist zumindest, was man nicht zitiert, nämlich Allgemeinwissen. Wer den Deutschen Bundestag wählt, dass der Tag 24 Stunden hat oder die Nachfrage bei sinkenden Preisen steigt – das sind Allgemeinplätze, für die Sie nicht extra Quellen heranziehen müssen (beim Bundestag können Sie auf die entsprechenden Rechtstexte verweisen). Was genau Allgemeinwissen ist, darüber kann man natürlich streiten. Generell können Sie als Anhaltspunkt nehmen, dass Informationen, die von vielen Quellen unabhängig dargestellt werden, die sich nicht gegenseitig zitieren, als allgemein bekannt gelten. Natürlich hängt es auch von der Art der Arbeit und ihrem Detailliertheitsgrad ab, was man als Autor beim Leser als Allgemeinwissen voraussetzen kann. Im Zweifelsfall lassen Sie Vorsicht walten und setzen lieber eine Fußnote zu viel.

Das wörtliche Zitat. Spannend wird es jenseits des Allgemeinwissens. Noch recht einfach abzuklären ist das wörtliche Zitat: Sie schreiben das gesamte Zitat ab, setzen es in Klammern oder Anführungszeichen und verweisen auf die Fundstelle in der Literatur. Allerdings sollte man das wörtliche Zitat nur sehr sparsam einsetzen, in den meisten Fällen aber vermeiden. Wörtliche Zitate empfehlen sich bei besonders pointierten Aussagen (etwa „Hedge Fonds sind die Parias der Finanzmärkte" oder „Mir sind fünf Prozent Inflation lieber als fünf Prozent Arbeitslosigkeit") oder besonders markanten Anmerkungen, die vom Verfasser als sehr wichtig angesehen werden (etwa „So zeigt Schmidt in seiner Studie, dass sich der Effekt experimentell

‚beliebig an- und abstellen' lässt"). Dies sind aber die seltensten Fälle, in der Regel findet sich immer eine Formulierung, die besser, knapper oder passender ist zum Text, den man schreiben will.

In journalistischen Texten allerdings sind wörtliche Zitate üblicher, weil man bestimmte Aussagen einer jeweiligen Person zuordnen – und dadurch auch autorisieren – will. Hinzu kommt, dass direkte Rede einen Artikel lebendiger machen kann. Aber auch hier sollten Sie auf die Auswahl der Zitate achten – die meisten Gesprächspartner wollen eher durch kluge, witzige oder passende Bemerkungen glänzen (also mit solchen zitiert werden) als mit Allerweltsweisheiten. Sätze wie „Investoren sollten vorsichtig sein" sollten Sie Ihren Gesprächspartnern nicht in den Mund legen (noch besser, Sie verzichten gänzlich auf solche Banalitäten). Und nicht vergessen: Sowohl wörtliche als auch indirekte Zitate (wie „Der Dax werde im kommenden Quartal wieder zulegen, meint Müller") sollten Sie mit den betreffenden Zitatgebern abstimmen, das vermeidet allerhand Ärger.

Zitate abstimmen

Das ist so eine Sache mit dem journalistischen Ethos: Bisweilen verweigern sich Kollegen der Absprache von Zitaten mit dem Argument der journalistischen Freiheit – niemand dürfe in ihren Texten herumredigieren. Man kann diese Position teilen, sollte sich aber mit zwei Gegenargumenten auseinandersetzen: Zum einen führt diese Haltung dazu, dass Ihre Gesprächspartner nicht mehr offen mit Ihnen reden werden, Sie werden keine informellen Informationen erhalten, keine ehrlichen Einschätzungen, sondern nur noch von der Presseabteilung vorgestanzte Worthülsen. Das kann kein guter Artikel werden. Zudem schneiden Sie sich damit von einer der wichtigsten journalistischen Informationsquellen ab, die es gibt: Informelle Hinweise, die man Ihnen unter der Hand gibt, mit denen man aber nicht zitiert werden möchte.

Das zweite Argument gegen die Weigerung, Zitate abzustimmen, ist eher ein Fairness-Argument: Möchten Sie nicht auch im Zweifelsfall noch einmal wissen, mit welchen Zitaten Sie in die Öffentlichkeit gezerrt werden? Bisweilen machen Ihre Gesprächspartner – wenn sie Ihnen vertrauen – auch unbedachte Äußerungen, die ihnen schaden könnten, wenn sie in die Öffentlichkeit geraten. Da Sie wahrscheinlich auch nicht jede Ihrer Äußerungen jederzeit bundesweit gedruckt oder gesendet sehen möchten, sollten Sie Verständnis für den Wunsch Ihrer Interviewpartner aufbringen, dass diese wissen wollen, womit sie zitiert werden.

Und nicht zuletzt vermeidet eine solche Abstimmung auch Miss-verständnisse. Ein besonders heikler Fall illustriert das recht gut: Ein Kollege lästerte einmal bei einem Interview über einen anderen Kollegen ab – von dessen fachlichen Qualifikationen halte er nicht viel. Der Kollege vertraute dem Interviewer, für ihn war es selbstverständlich, dass so etwas nicht veröffentlicht wird sondern eine rein private Äußerung gegenüber dem Interviewer ist – was dieser aber anders sah und die Lästerei veröffentlichte. Bei allem Respekt vor dem betreffenden Journalisten, aber wer so etwas macht, hat seinen Job nicht verstanden. Entweder er hat gar nicht kapiert, was er da tut – dann ist er als Journalist wenig geeignet. Oder aber er wusste, was er da tat und schielte auf das Medienecho, das ihn und seinen Artikel bekannt macht. Dann war er zwar nicht ahnungs-, dafür aber gewissenlos, und solche Leute gehören auch nicht in die Medienlandschaft. Als Journalist und Interviewer haben Sie auch die Pflicht, die Menschen, die Sie interviewen, vor solchen Dingen zu schützen. Wollen Sie wirklich Ihren Karriereweg mit publizistischen Leichen pflastern?

Indirekte Zitate und das Plagiatsproblem. In den meisten Fällen werden Sie indirekt zitieren, also sinngemäß – und hier beginnt der Ärger. Bis zu welchem Grad ist es denn erlaubt, etwas aus einer Quelle zu übernehmen, ab wann muss ich das zitieren, inwieweit kann oder darf ich denn die Aussagen eines Textes übernehmen? Vereinfacht gesagt gilt: Sobald sie inhaltliche Aussagen von anderen Autoren für Ihre Arbeit verwenden, die nicht Allgemeinwissen sind, müssen Sie kenntlich machen, wer der Urheber einer Idee war. Dabei sollten Sie in der Regel die Ideen nicht wörtlich übernehmen, sondern mit eigenen Worten darstellen – letzteres, so haben wir bereits festgestellt, geht nur, wenn Sie die Idee wirklich verstanden haben und zwingt Sie also auch dazu, sich mit dem Text angemessen intensiv auseinanderzusetzen.

Variationen in Plagiarismus

Originaltext
„Skandale können, wenn alles gut geht, gesellschaftliche Lernprozesse befördern und dazu beitragen, dass das Zusammenleben der Bürger verbessert wird. Wenn es hingegen schlecht läuft, führen sie zu an sich unnötigen persönlichen Verletzungen und zementieren gesellschaftliche Blockaden im Denken und Handeln" (Pies 2012, S. 1)

Indirektes Zitat des Originaltextes	Bewertung
Skandale können gesellschaftliche Lernprozesse befördern und das Zusammenleben der Bürger verbessern. Sie können aber auch zu an sich unnötigen persönlichen Verletzungen führen und gesellschaftliche Blockaden im Denken und Handeln zementieren.	Ohne Verweis auf die Quelle aus vollem Hals plagiiert; lediglich ein paar Wörter und die Satzstellung sind geändert worden. Das gibt Ärger.
Skandale sind ein zweischneidiges Schwert: Sie können sowohl gesellschaftliche Lernprozesse vorantreiben als auch zu persönlichen Verletzungen führen. Im besten Fall verbessern sie das Zusammenleben der Bürger, im schlechten Fall führen sie zu gesellschaftlichen Blockaden im Denken und Handeln.	Prima: eigene Worte, die Ideen kompakt dargestellt. Fehlt hier aber der Hinweis auf den Autor, so riecht das ebenfalls nach Plagiat – verweigern Sie dem Autor nicht die Anerkennung seiner Ideen, die in diesem Fall so sicherlich nicht Allgemeinwissen sind, sondern originär eigene Ideen.
Skandale können laut Pies (2012) gesellschaftliche Lernprozesse befördern und dazu beitragen, dass das Zusammenleben der Bürger verbessert wird. Wenn es hingegen schlecht läuft, führen sie zu persönlichen Verletzungen und zementieren gesellschaftliche Blockaden im Denken und Handeln.	Der Verweis auf den Autor ist prima, aber ansonsten ist das fast wörtlich abgeschrieben – das müssen und können Sie besser mit eigenen Worten sagen.

Indirektes Zitat des Originaltextes	Bewertung
Pies (2012) weist darauf hin, dass Skandale gute wie schlechte Seiten haben: Sie können zu Lernprozessen führen, die das Zusammenleben aller Bürger verbessern, sie können aber auch persönliche Verletzungen und Denkblockaden zur Folge haben.	Perfekt: eigene Worte inklusive Verweis auf den Autor. Hier gibt es nichts zu meckern.

Sie sehen, wir sind mittendrin in der Plagiatsdebatte. Nach den jüngsten Skandalen – ein zurückgetretener Verteidigungsminister, eine zurückgetretene Bildungsministerin, Abgeordnete in den Schlagzeilen – erübrigt sich eigentlich der Hinweis, dass ein Plagiat kein Kavaliersdelikt ist: Wer fremde Texte kopiert, übernimmt oder verwertet, ohne den Leser auf die wahre Autorenschaft hinzuweisen, begeht geistigen Diebstahl, der einen noch Jahre später einholen kann.

Die Frage, ab wann es sich bei einem Text um ein Plagiat handelt, ist zugegebenermaßen dehnbar und nicht immer einwandfrei nachzuweisen. Doch warum wollen Sie sich unnötigem Stress aussetzen? Wenn Sie eine Hausarbeit oder einen journalistischem Artikel verfassen, erwartet niemand von Ihnen, dass Sie sich ganz alleine tolle neue Ideen ausdenken – Sie sollen nur den Stand der Dinge referieren, Möglichkeiten und Alternativen aufzeigen, das Thema kurz, knapp und verständlich zusammenfassen. Sie müssen also nicht damit glänzen, indem Sie sich das geistige Eigentum anderer Autoren um den Hals hängen und als das Ihrige ausweisen. Alles, was Sie machen müssen: Wenn Sie Ideen anderer Autoren übernehmen, verweisen Sie auf die Quelle, aus der Sie diese Ideen haben. Fertig.

Die vorstehende Tabelle zeigt Ihnen ein paar Beispiele, wie man einen Text auswerten kann, und zugegebenermaßen kann es hier Interpretationsspielraum geben. Aber bei echten Plagiatsfällen spricht man nicht über kleine Unebenheiten im Text, über deren Relevanz man sich streiten kann. Die prominenten Plagiatsfälle der vergangenen Jahre waren richtig große Fische, wo über viele Seiten hinweg Texte übernommen oder kopiert wurden: Plagiatoren gehen zumeist systematisch vor. Solange Sie einfach der Maxime folgen, dass Sie Ihr Thema mit eigenen Worten darstellen und die Ideen anderer Leute als solche ausweisen, brauchen Sie sich keine Gedanken über das Thema Plagiate zu machen.

Zu den verschiedenen Plagiatsstrategien zählt man (vgl. dazu Weber-Wulff, Wohnsdorf 2006 und GuttenplagWiki 2012):

– *Die Totalkopie:* Der Text wird eins zu eins kopiert respektive übernommen (im dümmsten Fall inklusive Rechtschreibfehler). Das ist der klarste und einfachste Fall von Plagiarismus, der sich leicht nachweisen lässt.

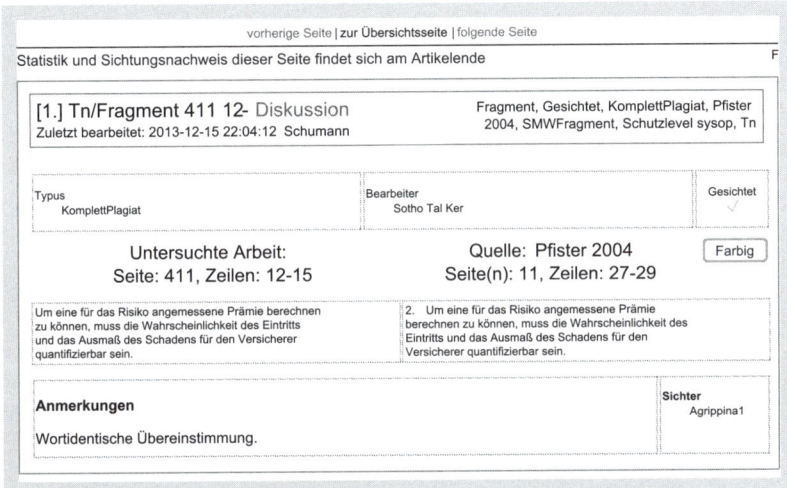

So sieht das dann aus: Vorwurf der Totalkopie gegen eine wissenschaftliche Arbeit auf der Plagiatsplattform Vroniplag[9]

– *Das Übersetzungsplagiat:* Der Plagiator findet eine Quelle in fremder Sprache, die er übersetzt und deren Inhalte er als die eigenen ausgibt – dieser Fall ist klar, aber schwerer nachzuweisen.

– *Shake and paste:* Der Plagiator würfelt die Originaltexte hinreichend durcheinander, vermischt mehrere Quellen, stellt Absätze und Sätze um – kurzum eine Flickschusterei, die sicher stellen soll, dass die einzelnen Fundstellen, die er kopiert hat, nicht mehr zu identifizieren sind. In der Regel führt das aber dazu, dass der Gesamttext unverständlich wird und man dem Plagiator anmerkt, dass er das Thema nicht verstanden hat. Wer sich so viel Mühe macht, seine Spuren zu vertuschen, könnte diese Mühe auch genauso gut darauf verwenden, eine eigene Arbeit anzufertigen.

---

[8] URL: http://de.vroniplag.wikia.com/wiki/Tn/411 (Zugriff: 27.12.1012).

– *Verschleierung:* Der Plagiator stellt einzelne Sätze eines Textes um, ändert bei Aufzählungen die Reihenfolge, oder ersetzt einzelne Worte durch Synonyme (oft aber nimmt er hier das falsche Wort, was dazu führt, dass der Sinn des Textes entstellt wird). Bisweilen schiebt er unbedeutende Halbsätze ein (etwa „wie man leicht ersehen kann"), stellt einzelne Wörter um, und das alles in der Absicht, dass das Plagiat nicht mehr so leicht zu finden ist – weil die Suchprogramme ja nur identische Satzteile erfassen. Die erfolgreiche Sucharbeit von Plattformen wie Vroniplag (de.vroniplag.wikia.com/wiki/Home) oder Guttenplag (de.guttenplag.wikia.com/wiki/GuttenPlag_Wiki) zeigt aber, dass auch diese Strategie ihre Grenzen hat.

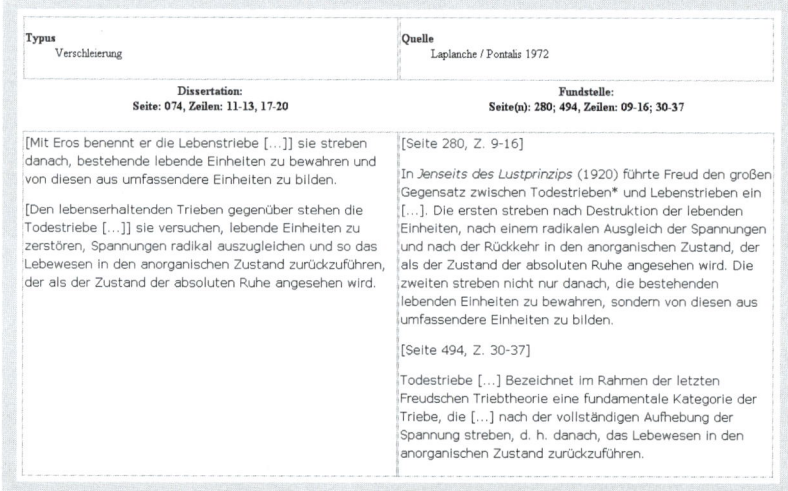

Typus	Quelle
Verschleierung	Laplanche / Pontalis 1972

Dissertation:	Fundstelle:
Seite: 074, Zeilen: 11-13, 17-20	Seite(n): 280; 494, Zeilen: 09-16; 30-37

[Mit Eros benennt er die Lebenstriebe [...]] sie streben danach, bestehende lebende Einheiten zu bewahren und von diesen aus umfassendere Einheiten zu bilden. [Den lebenserhaltenden Trieben gegenüber stehen die Todestriebe [...]] sie versuchen, lebende Einheiten zu zerstören, Spannungen radikal auszugleichen und so das Lebewesen in den anorganischen Zustand zurückzuführen, der als der Zustand der absoluten Ruhe angesehen wird.	[Seite 280, Z. 9-16] In *Jenseits des Lustprinzips* (1920) führte Freud den großen Gegensatz zwischen Todestrieben* und Lebenstrieben ein [...]. Die ersten streben nach Destruktion der lebenden Einheiten, nach einem radikalen Ausgleich der Spannungen und nach der Rückkehr in den anorganischen Zustand, der als der Zustand der absoluten Ruhe angesehen wird. Die zweiten streben nicht nur danach, die bestehenden lebenden Einheiten zu bewahren, sondern von diesen aus umfassendere Einheiten zu bilden. [Seite 494, Z. 30-37] Todestriebe [...] Bezeichnet im Rahmen der letzten Freudschen Triebtheorie eine fundamentale Kategorie der Triebe, die [...] nach der vollständigen Aufhebung der Spannung streben, d. h. danach, das Lebewesen in den anorganischen Zustand zurückzuführen.

Vertuschung und ein Fall aus einer Plagiatsplattform (URL: schavanplag.wordpress.com/2012/06/10/seite-74, Zugriff: 18.11.2013). Links sehen Sie die untersuchte Quelle, die über Sigmund Freud schreibt, rechts dazu die Quelle, von der man vermutet, dass sie die zugrundeliegende, aber nicht zitierte Originalquelle ist. Ein eindeutiger Fall?

– *Strukturübernahme:* Der Plagiator übernimmt die Gedanken, Ideen und die Reihenfolge der Quelle, formuliert diese aber mit eigenen Worten. Das ist kritisch, denn wie wir in den vorangegangenen Abschnitten gesehen haben, kann bei manchen Themen die grundsätzliche Struktur so allgemein und zwingend sein, dass es auch ohne Plagiatsabsicht rasch zu Ähnlichkeiten kommen kann. Die folgende Abbildung zeigt einen echten Fall aus dem akademischen Alltag und illustriert, wie rasch man auch unter falschen Verdacht geraten kann; nicht immer kann man wie in diesem Fall eindeutig beweisen, dass hier kein Plagiat vorliegt.

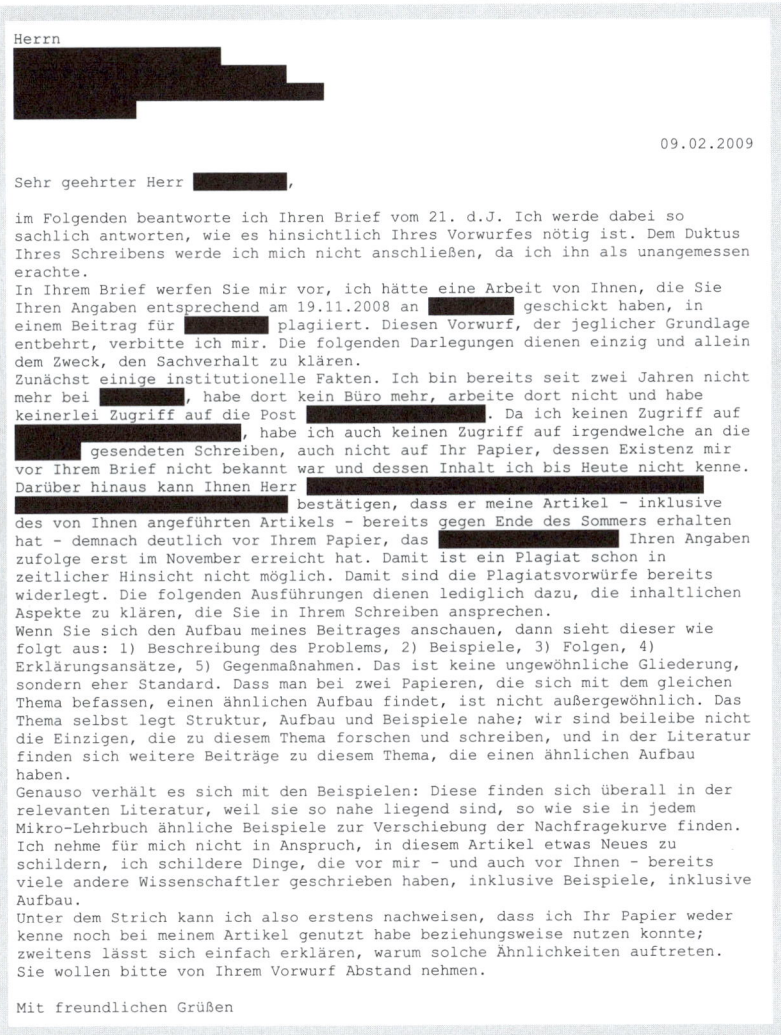

So schnell kann es gehen – das Problem der (bisweilen vermeintlichen) strukturellen Plagiate

– *Bauernopfer:* Der Plagiator zitiert in einer Fußnote den Originaltext und übernimmt im weiteren Verlauf der Arbeit ohne weitere Zitierhinweise größere Abschnitte daraus. Das erweckt den Eindruck, dass die weiteren – ebenfalls aus der Originalquelle übernommenen – Texte eigenes Gedankengut sind. Im Verteidigungsfall beruft der Plagiator sich dann darauf, dass er die Quelle genannt habe und verteidigt sich je nach Lage außerdem mit kleinen Fehlern bei der Formatierung der Fußnoten oder mit unterschiedlichen Auffassungen über Zitierregeln. Bei Guttenplag unterscheidet man davon noch das verschärfte Bauernopfer: Hier wird die Fußnote mit einem „so auch" (also z.B. „so auch Vogelsang (2011)") versehen, was den Eindruck erweckt, dass eigene Ideen des Plagiators im Text stecken und der zitierte Autor sozusagen nur als Bestätigung dieser eigenen Gedanken zitiert wurde.[9]

— *Vertuschung:* Das ist ein spezieller Fall, der vor allem dann auftritt, wenn man über bestimmte Originalquellen schreibt. Ein Beispiel: Sie schreiben etwas über die Idee der asymmetrischen Information. Dazu gibt es das Model von Akerlof (1970), eine ganz wichtige Quelle, die eine der wichtigsten Grundlagen der Literatur zu diesem Problem bildet. Wenn Sie in Ihrer Arbeit nun das Model von Akerlof darstellen wollen, müssen Sie eigentlich die Originalquelle lesen und diese beschreiben. Nun haben aber vor Ihnen bereits hunderte von Forschern sich mit dieser Quelle beschäftigt und darüber beschrieben, und oft beschreiben die den Kern und die Idee des Models besser als das Originalpapier. Das sind sogenannte Sekundärquellen. Grundsätzlich ist das gut, denn das hilft Ihnen, die Originalquelle besser zu verstehen. Zum Problem wird das nur dann, wenn Sie diese Sekundärquellen plagiieren und dabei den Eindruck erwecken, dass es sich um Ihre eigenen Gedanken zum Akerlof-Papier handelt. Sie schreiben also aus den Sekundärquellen ab und versehen das abgeschriebene mit dem Literaturhinweis auf Akerlof. Eine ebenfalls recht schwierige Kiste, wie auch die obenstehende Abbildung zur Vertuschung zeigt.

Eine ausführliche Materialsammlung zum Thema Plagiarismus finden Sie auf der Plagiatsplattform Guttenplag.[10]

---

[9] GuttenplagWiki (2012), Plagiatskategorien, URL: http://de.guttenplag.wikia.com/wiki/PlagiatsKategorien (Zugriff: 18.11.2013).

[10] http://de.guttenplag.wikia.com/wiki/Wissenschaftliches_Fehlverhalten_(Materialsammlung) (Zugriff: 18.11.2013).

Wie zitiert man? Zitierregeln. Streng genommen sind Zitierregeln eine Wissenschaft für sich. Oftmals hat jede Institution ihre eigenen, sehr exakten Vorschriften darüber, wie man zu zitieren hat – die können recht verschieden sein. Dennoch gibt es einige allgemeine Grundregeln, an die man sich halten sollte, wenn man zitiert. Wir wollen uns hier nur die wichtigsten, grundlegenden Dinge anschauen, die Sie wissen müssen. Für die Details gilt: Wenden Sie sich an die Institution (Hochschule, Forschungsinstitut, Fachzeitschrift), für die Sie schreiben. In der Regel gibt es dort eine schriftliche Ausarbeitung der Zitierregeln – daran halten Sie sich. Die Debatte über den Sinn und Unsinn dieser Zitierregeln ist nutzlos. Bringen Sie die für Sie relevanten Spielregeln in Erfahrung und halten Sie sich daran.

Nun aber zu den allgemeinen Grundregeln:

– Autorennamen nennen Sie vollständig (also auch mit ausgeschriebenen Vornamen), Sie nennen zudem auch alle Autoren. Ist kein Autor genannt, so schreiben Sie „o.V." (ohne Verfasser).

– Exakte Seitenangaben sind unerlässlich, anders hat jemand, der Ihre Angaben kontrollieren oder für eigene Forschungen nutzen will, keine Chance.

– Immer mit anzugeben ist das Erscheinungsdatum. Fehlt dieses, dann schreiben Sie „o.J." (ohne Jahresangabe).

– Auch der Erscheinungsort ist immer anzugeben (außer bei Zeitschriften). Fehlt dieser, dann schreiben Sie „o.O." (ohne Ortsangabe).

Welche Arten von Quellen es gibt und wie man diese grundsätzlich zitiert, zeigt Ihnen die folgende Tabelle. Legen Sie die Quelle, die Sie zitieren wollen, neben diese Tabelle, finden Sie heraus, um welchen Typ von Quelle es sich handelt und zitieren Sie entsprechend. Die allermeisten Zitate sollten Sie damit korrekt angebracht haben.

Zitierregeln für verschiedene Typen von Quellen

Beispiel	Erläuterungen
Ariely, Dan (2008), Predictably irrational: The hidden forces that shape our decisions, Harper Collins, New York.	So werden **Bücher** (auch **Monographien** genannt) zitiert: Name, Vorname, Titel, eventuell Untertitel, falls vorhanden den Titel der Reihe, in der die Monographie erscheint, den Verlag und den Ort des Erscheinens und das Erscheinungsdatum. Falls es sich nicht um die erste Auflage handelt, muss die Nummer der Auflage angegeben werden. Zusätzlich sollte man die Erscheinungsform angeben, also ob es sich um eine Dissertation, eine Festschrift, eine Loseblatt-Sammlung oder eine andere Erscheinungsform handelt – das hilft dem Leser besser, die betreffende Quelle einzuordnen.
Camerer, Collin (1995), Individual decision making, in: John Kagel and Alvin E. Roth (Hrsg.), Handbook of Experimental Economics, Princeton, Princeton University Press, S. 587–703.	Dies ist ein Beitrag in einem sogenannten **Sammelband**, der mehrere Beiträge verschiedener Autoren enthält. Hier nennt man den Namen und Vornamen des Autors, den Titel des Beitrags, die Herausgeber des Sammelbands (versehen mit dem Zusatz „Hrsg.", „ed." oder „eds.") und den Titel des Sammelbands sowie Verlag und Erscheinungsdatum. Die Seitenzahlen beziehen sich auf die Seitenzahlen, auf denen man den Beitrag findet – diese müssen zwingend genannt werden.
Bertrand, Marianne; Mullainathan, Sendhil; Shafir, Elgar (2004), A behavioral-economics view of poverty, American Economic Association, Papers and Proceedings, Jg. 94, Heft 2, S. 419–423.	Bei Aufsätzen in **Fachzeitschriften** werden der Name und Vorname der Autoren angegeben, der Titel des Beitrags, der Name der Fachzeitschrift sowie der Jahrgang („Jg." oder „Vol."), die Nummer der Ausgabe („Heft", „No." oder „Iss.") sowie die Seiten, auf denen der Artikel zu finden ist.
Beaulier, Scott; Caplan, Bryan (2002), Behavioral economics and perverse effects of the	Sogenannte **Working Papers** sind durchaus zitierfähig, hier nennt man die Angaben genau wie bei den anderen Quellen, ergänzt um den Zusatz „Working Paper" („Arbeitspapier", „Beiträge der Universität"), die Nummer des

Beispiel	Erläuterungen
welfare state, George Mason University, Global Prosperity Initiative, Working Paper 2, Fairfax.	Papiers und den Namen der herausgebenden Institution (hier: George Mason University, Global Prosperity Initiative). Allerdings haben Working Papers nicht den gleichen akademischen Stand wie Veröffentlichungen in Fachzeitschriften, denn letztere sind bereits durch ein Begutachtungsverfahren auf Ihre Qualität hin überprüft worden.
Ashraf, Nava; Camerer, Colin; Loewenstein, George (2004), *Adam Smith – behavioral economist*, Cambridge, mimeo.	Dies ist sogenannte **graue Literatur**, die bisher nirgends veröffentlicht worden ist. Das Wort „mimeo" weist diese Quelle als solche aus. Name, Titel und Veröffentlichungsdatum sind hier notwendig, falls es eine herausgebende Institution gibt, ist diese auch anzugeben. Grundsätzlich muss man hier Vorsicht walten lassen, was die Inhalte angeht – sie sind noch nicht in irgendeiner Form wissenschaftlich überprüft worden. Hier hilft ein Blick auf die Herkunft der Autoren – handelt es sich dabei um renommierte Forscher, so kann man diese Quellen schon nutzen. Oft sind diese Quellen Vorstufen einer echten, begutachteten Publikation.
OECD (2007), Roundtable on economics for consumer policy, DSTI/CP(2007)1/FINAL, July 2007.	Bei Quellen **offizieller Institutionen**, bei denen kein Autor ausgewiesen ist, nennt man die Institution als Verfasser; oftmals sind diese Dokumente durch interne Seriennummern (hier: „DSTI/CP(2007)1/FINAL") gekennzeichnet.
o.V. (2012), Filling the bank-shaped hole, in: Economist, Jg. 405, Heft 8815, 15. December 2012, S. 22–24.	Artikel aus **Zeitungen oder Zeitschriften**, bei denen kein Verfasser angegeben ist, werden als "o.V." (ohne Verfasser) zitiert, mit allen anderen Angaben, die auch bei den anderen Quellen verlangt werden.
o.V. (2012), European Values Study 2012: The most comprehensive research project on human values in Europe,	Für **Internet-Quellen** gelten, soweit anwendbar, die gleichen Vorschriften, die auch für andere Quellen gelten. Der Fundort im Internet wird durch den Zusatz „URL" gekennzeichnet. Zugleich wird das Datum des letzten Zugriffs genannt.

Beispiel	Erläuterungen
URL: www.europeanvaluesstudy.eu (Zugriff: 21.09.2012).	Wenn die Internet-Quelle im pdf-Format einem seitengleich in Papierform veröffentlichten Text einer seriösen Institution zugrunde liegt, zitiert man dieses Papier so wie oben angegeben. Zusätzlich gibt man die Internet-Fundstelle (URL) an.
Europäischer Gerichtshof (2003), Urteil des Europäischen Gerichtshofs vom 24. Juli 2003, C-280/00 Altmark Trans GmbH, *EuGH, Slg. 2003, I-7747*.	Bei **Gerichtsentscheidungen** nennt man das Gericht (hier: Europäischer Gerichtshof), das Datum der Entscheidung, die Art der Entscheidung und die Aktenzeichen, Fundstelle, Erscheinungsjahr, Band und erste Seite.
Einkommensteuergesetz (EStG) in der Fassung der Bekanntmachung vom 8. Oktober 2009 (BGBl. I S. 3366, 3862), zuletzt geändert durch Artikel 3 des Gesetzes vom 8. Mai 2012 (BGBl. I S. 1030), URL: http://www.gesetze-im-internet.de/bundesrecht/estg/gesamt.pdf.	Bei **Gesetzestexten** nennt man die Bezeichnung des Gesetzes, die Abkürzung, das Datum sowie die Fundstelle (hier: im Bundesgesetzblatt). Falls gegeben, sollte man auch die Fundstelle im Internet angeben.
Telefonat mit Hanno Beck, Professor für Volkswirtschaftslehre an der Hochschule Pforzheim, am 12.12.2012.	Informelle Quellen wie **Interviews, Telefonate oder Schriftverkehr** werden zitiert, indem man die Art der Quelle (Interview, Telefonat, E-Mail) nennt, den Gesprächspartner, dessen Position und Institution und den Zeitpunkt. Gegebenenfalls sollte man ein Protokoll des Gesprächs in den Anhang stellen und beim Zitieren darauf verweisen.

Wie gesagt wurden von verschiedenen Institutionen verschiedene Zitierformalia entwickelt, die sich in einigen Dingen unterscheiden, auch im internationalen Geschäft. Beispielsweise gibt es

– die Zitierregeln der MLA (Modern Language Association), die vor allem in den Geisteswissenschaften genutzt werden (Modern Language Association of America 1977),

– die Zitieregeln der American Psychological Association (APA), die in vielen Sozialwissenschaften verbreitet sind (American Psychological Association 2010), oder

– das Chicago Manual of Style (CMS), das vor allem bei den historischen Disziplinen genutzt wird (University of Chicago 2010).

Generell gilt: Machen Sie sich kundig, welche Standards man von Ihnen erwartet, organisieren Sie sich diese Standards und befolgen Sie diese. Mehr Worte muss man zu diesem Thema eigentlich nicht verlieren.

Voll- und Kurzbeleg. Zu unterscheiden ist allerdings noch zwischen zwei Arten des Zitierens, dem Voll- und dem Kurzbeleg. Ein Vollbeleg ist immer dann nötig, wenn die Arbeit kein Literaturverzeichnis hat – in diesem Fall muss man eine Quelle vollständig mit allen notwendigen Angaben nennen, wenn man sie das erste Mal zitiert. Zitiert man die gleiche Quelle nun ein zweites Mal, so muss man nicht mehr alle Angaben nennen, sondern nur noch Name, Datum und die Seitenzahl. Falls man anhand des Namens die Quelle nicht eindeutig zuordnen kann, kommt ergänzend noch ein Stichwort aus dem Titel hinzu. Abschließend nennt man die Fußnote, in der man die betreffende Quelle mit Vollbeleg zitiert hat (alternativ verwenden manche Institutionen vereinfachend das a.a.O. (= am angegebenen Ort).

Praktischer ist eigentlich die Methode des Kurzbelegs: Man nennt die Quelle stets mit den Informationen Name, Vorname, Datum, Zitatstelle, bisweilen auch mit einem ergänzenden Stichwort. Die vollständige Quelle wird nur im Literaturverzeichnis genannt. Dort nennt man zuerst Name und Vorname sowie das Datum (optional zuzüglich des Stichwortes), Datum und Stichwort dann in eckigen Klammern gesetzt. Tauchen von einem Autor mehrere Quellen aus einem Jahr auf, so kann man diese anhand des Stichwortes unterscheiden. Alternativ kann man, falls man auf Stichworte verzichten möchte, hinter das Datum jeder zu unterscheidenden Quelle die Buchstaben a, b, c und so weiter setzen.

Eine spezielle Form der Kurzbeleg-Zitierweise ist die Harvard-Methode: Hier folgt die Quellenangabe direkt hinter dem Zitat in einer Klammer im Text statt in einer Fußnote. In naturwissenschaftlichen und technischen Fächern ist das sogenannte Nummernsystem verbreitet, das noch stärker abkürzt als die Kurzbelegmethode. Man stellt hinter das Zitat die Nummer der Quelle (meistens erfolgt die Nummernvergabe hier aufsteigend, also die erste Quelle erhält die Nummer eins, die nächste die Nummer zwei usw.). Im Literaturverzeichnis stehen dann die Quellen nach ihrer Nummer geordnet, nicht alphabetisch in eckigen Klammern, falls nötig gefolgt von einer Seitenzahl. Im Literaturverzeichnis nach dem Nummernsystem werden die Quellen auch oft stark abgekürzt.

Beispiele für Vollbeleg, Kurzbeleg und Nummernsystem

Vollbeleg	Kurzbeleg	Nummernsystem
Beim ersten Zitat: Vgl. Bertrand, Marianne; Mullainathan, Sendhil; Shafir, Elgar (2004), A behavioral-economics view of poverty, American Economic Association, Papers and Proceedings, Jg. 94, Heft 2, S. 419–423, 420.	*Beim ersten Zitat (und allen weiteren Zitaten):* Bertrand, Mullainathan, Shafir (2004), Poverty, S. 420.	*Im Text:* [1, 420]
Beim zweiten Zitat: Vgl. Bertrand, Mullainathan, Shafir, Poverty, S. 420, FN 1.	*Im Literaturverzeichnis* Bertrand, Marianne; Mullainathan, Sendhil; Shafir, Elgar (2004, Poverty), A behavioral-economics view of poverty, American Economic Association, Papers and Proceedings, Jg. 94, Heft 2, S. 419–423.	*Im Literaturverzeichnis* [1] Bertrand, M; Mullainathan, S; Shafir, E (2004), A behavioral-economics view of poverty, AmEcAss, PandP, 94, (2), 419–23.

Sonstige Formalia. Vor allem bei wissenschaftlichen Arbeiten kommen noch einige formale Anforderungen hinzu, die hier kurz erwähnt sein sollen – wie gesagt, die genauen Anforderungen sind von Institution zu Institution verschieden, so dass Sie diese jeweils exakt erfragen müssen. Im Einzelnen sollten Sie achten auf:

- *Schriftbild.* Zumeist gibt es Seitenbegrenzungen und präzise Vorschriften darüber, wie das Schriftbild auszusehen hat (Seitenzahl, Größe der Schrift, Zeilenabstand, Randbreiten). Diese Regeln dienen zwei Zielen: Erstens schaffen sie einheitliche Spielregeln, die es dem Betreuer einer Arbeit erleichtern, Arbeiten miteinander zu vergleichen. Zweitens sollen sie verhindern, dass der Betreuer einer Arbeit entweder mit 200-seitigen Seminararbeiten überschüttet wird bzw. mit dem nachträglichen Protest, dass man ja nicht gewusst habe, dass fünf Seiten zu wenig sind als Ausarbeitung. Auch hier gilt: Diskutieren ist unsinnig. Bringen Sie die speziellen Anforderungen Ihrer Institution in Erfahrung und halten Sie sich daran.

- *Sonstige Bestandteile der Arbeit.* Neben dem Haupttext kommen noch hinzu das Deckblatt, das Inhaltsverzeichnis, das Abkürzungsverzeichnis, das Verzeichnis der Darstellungen und/oder der Symbole; eventuell noch ein Vortext (Vorwort, Geleitwort, Widmung). Bisweilen wird gefordert, dass man die Seiten dieser Teile der Arbeit römisch nummeriert und nur den Haupttext arabisch durchnummeriert. Das erleichtert es dem Betreuer zu prüfen, ob man im Haupttext die Seitenzahlvorgabe eingehalten hat. Nach dem Haupttext folgen dann noch das Literaturverzeichnis und falls nötig der Anhang sowie – falls gefordert – eine eidesstattliche Versicherung, dass man die Arbeit auch selbst und ohne unzulässige Hilfsmittel verfasst hat (vergessen Sie nicht, diese auch zu unterschreiben).

- *Das Titelblatt* enthält den Titel der Arbeit, den Namen des Autors, die Institution des Autors, die Zielgruppe der Arbeit, das Datum und die Autorenanschrift. Die genaue Gestaltung des Titelblatt ist von Organisation zu Organisation wiederum unterschiedlich, auch hier gilt also: Informieren Sie sich.

- *Der Anhang* enthält ergänzende Dokumentationen und Materialien zum Text, wie z.B. Fragebögen, Gesetzestexte oder Richtlinien. Allerdings darf der Anhang weder als Stoffmüllhalde missbraucht werden (wo Sie vorsichtshalber Stoff einstellen, den Sie „irgendwie" als wichtig empfinden), noch darf mit Hilfe des Anhangs die Umfangsbegrenzung der Arbeit umgangen werden.

Das soll reichen zu den formalen Anforderungen – die für Sie speziellen Anforderungen bringen Sie bei Ihrer Hochschule oder Ihrem Arbeitgeber in Erfahrung – und halten sich daran. Lassen Sie uns nun schauen, wie Sie die Ergebnisse Ihrer Recherche präsentieren.

Präsentieren

I. Schreiben: Ohne Blockade beginnen

Schreibblockaden. Manche haben sie, manche nicht – die Schreibblockade. Dabei gibt es keinen Grund, Angst vor dem leeren Bildschirm zu haben, alles, was Sie schreiben, können Sie wieder löschen. Angst kann eigentlich nur entstehen, wenn Sie unter (Zeit-)Druck stehen, und der resultiert in den meisten Fällen aus der falschen Organisation – falls Sie dieses Problem häufiger haben, lesen Sie noch einmal den ersten Abschnitt des Buches. Ändern Sie Ihre Vorbereitungen, und der Zeitdruck verschwindet, und mit ihm auch die Schreibblockade. Sollte der Druck von außen kommen, also nicht durch eine falsche Organisation verschuldet sein (wenn zum Beispiel Ihrem Chef eingefallen ist, dass er kurzfristig etwas benötigt, oder wenn Sie kurzfristig noch einen Artikel liefern müssen, weil ein Kollege ausgefallen ist), so können Sie auch entspannen – in so einer Situation erwartet niemand Wunder von Ihnen, man kann von Ihnen nur das verlangen, was auch machbar ist. Außerdem: Je häufiger Sie solche Situationen überstanden haben, umso sicherer und routinierter werden Sie, umso geringer wird der Druck und so seltener die Schreibblockade.

Doch solche Überlegungen schaffen das Problem nicht immer aus der Welt. Wir brauchen also ein paar praktische Tipps gegen die Blockade. Der einfachste Tipp: Fangen Sie einfach an zu schreiben. Egal was. Egal wie und wo. Fangen Sie einfach an, Ihre vorher geordneten Gedanken aufzuschreiben, aus dem daraus entstehenden Chaos können Sie schrittweise Ihren Text entwickeln. Denken Sie immer daran: Löschen geht immer. Auf diese Weise fangen Sie einfach irgendwo an, und ist erst ein Anfang gemacht, folgt der Rest meist rasch.

Am besten, Sie fangen mit dem Schreiben an, sobald Sie einen ersten Überblick über das Thema haben. Das geht so: Sie erstellen eine vorläufige Gliederung, ein Gerüst, und haben diese Gliederung auf dem Bildschirm, während Sie Literatur zu Ihrem Thema lesen. Kommen Ihnen nun während der Lektüre Ideen, oder wollen Sie Erkenntnisse aus Ihrer Lektüre festhalten, so schreiben Sie diese sofort auf, und zwar an der entsprechenden Stelle der Gliederung, wo Ihnen das sinnvoll erscheint. Auf diese Weise wachsen sowohl Ihre Gliederung als auch Ihr Text automatisch mit dem Literaturstudium. Später ist es recht einfach, diese unzusammenhängenden Textstellen miteinander zu verbinden und etwas präziser oder glatter auszuformulieren.

Ein weiterer Trick besteht darin, den Anfang wegzulassen. Wo Sie anfangen zu schreiben, ist völlig egal, Hauptsache, Sie fangen an. Profis schreiben den Anfang erst am Schluss, denn erst dann weiß man, was man geschrieben hat.

Dann gibt es noch das, was man Übersprungskreativität nennen könnte: Wenn Sie in einer Sackgasse stecken, dann lassen Sie erst einmal den Absatz, an dem Sie gerade arbeiten, in Ruhe und wenden sich einem anderen Problem zu. Bisweilen hilft auch, etwas ganz anderes zu machen und nach, sagen wir, fünfzehn Minuten wieder zum Text zurück zu kehren. In diesen fünfzehn Minuten hat das Gehirn Zeit gehabt, sich unterbewusst etwas anderes zu überlegen und Barrikaden abzubauen. Aber Vorsicht: Das ist kein Freibrief zu kneifen und sich mit dem Kühlschrank, dem Telefon, dem Fernseher oder anderen willkommenen Ablenkungsinstitutionen zu beschäftigen, sobald es schwierig wird. Generell ist die Idee aber richtig, immer dann, wenn man sich in einer Sackgasse befindet, sich anderen Dingen zuzuwenden. Sie darf eben nur nicht missverstanden respektive missbraucht werden.

Ein Tipp für Kommentare und kurze Essays. Bei weniger wissenschaftlichen Arbeiten – Kommentare, Essays, Reportagen – besteht eine einfache Idee darin, sich zuerst ein Leitmotiv zu überlegen, ein Thema, ein Bild, mit dem sich das ganze Thema illustrieren lässt, und das man durch den Artikel hindurch durchgängig verwenden kann. Das erfordert ein wenig Kreativität, hat man aber ein Bild, ein Leitmotiv, dann geht der Rest dafür umso rascher. Ein Beispiel: Sie sollen einen Artikel darüber schreiben, ob die Wirtschaft der Vereinigten Staaten wieder auf die Beine kommen wird und welche Folgen das für verschiedene Unternehmen, Personen und sonstige Akteure haben könnte. Dabei benutzen Ökonomen oft den Begriff

„abheben", genauso wie sie bei einer überschäumenden Konjunktur von einer „sanften Landung" der Konjunktur sprechen. Also könnten Sie beispielsweise die Konjunktur Amerikas mit einem Flugzeug vergleichen, das zum Start ansetzt. Die Schwierigkeiten beim Start sind die Hindernisse der Konjunktur, die betroffenen Personen sind die Passagiere des Fliegers – und schon haben Sie einen einheitlichen Handlungsrahmen für Ihren Kommentar. Das ist die Kunst: Ein passendes Leitmotiv für das Thema finden, das einen einheitlichen Rahmen bildet, an dem man sich nun entlang hangeln kann. Aber Vorsicht: Überfrachten Sie dieses Bild nicht. Wenn Sie mehr wissen wollen darüber, wie man sich professionell auf das Schreiben vorbereitet und dabei kreativer wird, können Sie es beispielsweise mit dem Buch von Sauer (2007) versuchen.

II. Eine Frage des Stils: Besser Schreiben, besser sprechen

Eine Vorwarnung. In diesem Abschnitt wollen wir darüber sprechen, wie man gut spricht – oder schreibt. Man muss nicht Literaturwissenschaftler sein, um gut schreiben zu können. Ein wenig gesunder Menschenverstand und etwas Erfahrung, gepaart mit ein paar einfachen Grundsätzen, macht aus schlechten Texten zumindest lesbare Texte. Um mehr soll es hier gar nicht gehen. Dabei gelten diese Regeln sowohl für das gesprochene wie für das geschriebene Wort – gute Sprache funktioniert in jedem Medium und auf jeder Wellenlänge. Machen Sie sich also frei von der Idee, dass es so etwas wie eine Schriftsprache und eine Sprechsprache gibt, dass man sich schriftlich anders ausdrücken muss.

Machen Sie sich auch frei von der Idee, dass es eine Wissenschaftssprache gibt, die nur dann wissenschaftlich ist, wenn sie unverständlich und fremdwörtergespickt ist – das wirkt vielleicht wissenschaftlicher, weil unverständlicher, aber es bleibt unverständlich, womit der Schreiber das Ziel des Schreibens – Kommunikation – verfehlt hat. Die folgenden Tipps und Hinweise sollen nur auf die schlimmsten und häufigsten Stilfehler hinweisen. Wer mehr über guten Schreibstil und gutes Deutsch erfahren will, lege sich eines der Bücher von Wolf Schneider zu (beispielsweise Schneider 2001 und 2005).

Aber Vorsicht: Alle Stilistik rettet Sie nicht, wenn Sie die Inhalte nicht beherrschen. Also beginnen Sie erst mit dem Schreiben, wenn Sie das Problem verstanden und eine Gliederung im Kopf – oder noch besser auf dem Papier – haben. Denken Sie an Ihren Leser oder Zuhörer: Dessen Zeit ist ein knappes Gut, verschwenden Sie dieses nicht mit Floskeln, Banalitäten oder Gemeinplätzen. Der Leser dankt es Ihnen, wenn er Inhalte kompakt und verständlich vorfindet. Widerstehen Sie der Versuchung, die leeren Seiten oder die leeren Stunden im Vortragsraum durch abgegriffene Floskeln, Leerformeln oder Allgemeinplatz-Appelle zu füllen („wir brauchen ein neues Europa", „der Sozialstaat muss reformiert werden", „Globalisierung bietet Chancen und Risiken", „Schluss mit der Geiz-ist-geil-Mentalität") – das kann ein Phrasengenerator besser. Widerstehen Sie der Versuchung, sich als weltmännischer Staatsmann zu gerieren, und seien Sie ehrlich: Sie als Zuhörer schalten auch ganz schnell ab, wenn Sie eine Floskelolympiade wittern, oder? Und so lautet die Maxime für alle Texte und Reden: Tod den Floskeln und Phrasen, Krieg den inhaltsleeren Blähsätzen, es leben die Inhalte. Wenn Sie Inhalte statt Phrasen wählen, retten Sie einem niedlichen kleinen Tier das Leben, womit wir bei der ersten Empfehlung für gute Texte wären.

Bullshit-Bingo

Bingo ist ein ganz einfaches Spiel: Man bekommt einen Zettel mit vielen Ziffern darauf, dann liest ein Moderator Zahlen vor und man kreuzt alle Zahlen aus, die man auf seinem Zettel findet. Wer zuerst alle Zahlenfelder auf seinem Zettel ausgekreuzt hat, steht auf, ruft „Bingo" und hat gewonnen. Eine unfreundliche Variante dieses Spiels ist das sogenannte „Bullshit-Bingo" (auf die deutsche Übersetzung sei hier verzichtet). Es funktioniert ähnlich wie Bingo, aber statt der Zahlen stehen auf dem Zettel Floskeln, Leerformeln und Plattitüden – all das, was man als Zuhörer hasst, weil es langweilt. Wenn der Redner nun beginnt, zu sprechen, kreuzt man alle Floskeln aus, die er benutzt und die auf dem Zettel stehen, und wer zuerst alle Begriffe auf seinem Zettel ausgekreuzt hat, steht auf und ruft nicht Bingo, sondern den anderen Teil des Namens dieses Spiels. (Angeblich haben amerikanische Studenten dieses Spiel erfunden, als eine Rede des amerikanischen Vizepräsidenten Al Gore anstand.) In den meisten Büroetagen sind das Spiel und seine Regeln wohlbekannt, und Referenten werden gerne mit Bezug auf dieses Spiel beurteilt („Das war Bullshit-Bingo-tauglich").

Das interessante am Bullshit-Bingo ist, dass die meisten Menschen genau wissen, dass sie hier mit Leerformeln und Plattheiten abgespeist werden, aber dennoch werden jeden Tag solche Reden gehalten – wie ist das möglich? Das klingt ein wenig nach den neuen

Kleidern des Kaisers: Keiner traut sich, sich gegen die Floskel- und Leerformel-Kultur aufzulehnen. Stattdessen beobachtet man, dass viele Zuhörer während solcher Reden und Vorträge mehr oder weniger verdeckt lesen oder E-Mails schreiben – eigentlich eine grobe Unhöflichkeit. Ein Kollege pflegt während solcher Veranstaltungen zu meditieren. Wenn Sie also einen Vortrag oder ein Manuskript zusammenstellen, machen Sie doch den Bingo-Test: Würden Sie bei Ihrer Rede oder Ihrem Manuskript auch auf die Idee kommen, Bingo zu spielen? Probieren Sie es doch einmal aus, auf www.bsbingo.de/ oder www.hjsv.com/games/bingo/bingo-d.html – viel Spaß dabei. Eine erste Vorlage für ein Bullshit-Bingo zu (wirtschafts-)politischen Themen finden Sie im folgenden Beispielkasten.

Bullshit-Bingo – eine kleine Vorlage

sintflutartige Regenfälle	großer Wurf	Struktur
Unkosten (gibt es nicht)	überdenken	Know-How
aus dem Nähkästchen plaudern (wahlweise: aufdecken oder auspacken)	über den großen Teich	höchstrichterliche Rechtsprechung
Hinterbänkler	unabdingbar	mit aller Entschlossenheit
ergebnisorientiert	Dumping	kundenorientiert
multilateral	signifikant	& Co.
Urknall, Quantensprung	Schlusslicht	Gewinnzone
auf Sand gebaut	Reformkurs	bei den Menschen

Eine gefährdete Spezies: Das Phrasenschwein. Das Phrasenschwein (*porcus inanilogitus*) ist ein possierliches, aber leidgeprüftes Wesen. Das arme Tierchen wird immer und immer wieder von Rednern und Schreibern gefüttert mit hohlen, abgedroschenen Phrasen, es wird dicker und dicker und ist dadurch in seiner Gesundheit aufs Äußerste bedroht. Und jetzt die Frage: Wollen Sie mit Schuld am Tode eines solchen niedlichen Tierchens sein? Sicherlich nicht, also tun Sie etwas dagegen: Hören Sie auf, abgedroschene, hohle Phrasen zu benutzen. Wer abgedroschene Floskeln nutzt, dokumentiert damit, dass er sich keine Mühe geben wollte (konnte?) und deswegen auf das zurückgreift, was vor ihm schon Millionen anderer Menschen aus Bequemlichkeit genutzt haben. Die folgende Tabelle gibt ein paar Beispiele aus dem Kabinett der Langeweile.

Ein paar besonders schlimme Phrasen und was sie bedeuten

Die Phrase	...und was davon zu halten ist
„nachhaltig"	Nachhaltig ist alles, was irgendwie gut ist – aber bitte nicht nachfragen, was das bedeutet, das wissen vermutlich die wenigsten Menschen, die dieses Wort inflationär oft benutzen. Ein Wort wie Flasche leer.
„bleibt abzuwarten"	So etwas schreibt nur jemand, der sich keine eigene Meinung zutraut. Ihr Leser, Ihr Chef will am Schluss eine Einschätzung wissen, wie das Thema einzuordnen ist, welche Relevanz es hat und was zu erwarten ist – und dann wollen Sie sich mit so einer Floskel aus der Verantwortung stehlen? Vor allem für journalistische Glossen und Kommentare steht für diesen Satz als Abschluss die Höchststrafe: ein gelangweilter, verärgerter Leser.
„die gesellschaftliche Dimension des Themas"	Blablabla. Irgendwie scheinen dem Autor die Ergebnisse der Literatur bzw. Forschung nicht zu gefallen, aber er weiß nicht wieso. Und da ihm andere Argumente fehlen, führt er die Gesellschaft ins Feld – wie früher im Sozialkundeunterricht, da war zum Schluss auch immer die Gesellschaft an allem Schuld. Wenn Sie etwas kritisieren wollen, dann bitte mit Argumenten, nicht mit Dimensionen.
„muss mit aller Deutlichkeit gesagt werden"	Eine Botschaft, die man „mit aller Deutlichkeit" transportieren will ist so allgemein, dass sogar ein Minister oder eine Bundeskanzlerin sich traut, das öffentlich zu sagen. Und da diese Botschaft so trivial ist, trauen sich manche Politiker bisweilen auch, statt dem Passiv die aktive Formulierung zu wählen – „sage ich mit aller Deutlichkeit". Um es mit aller Deutlichkeit zu sagen: Das ist furchtbar.
„das internationale Spekulationskapital"	Hier ist jemand ganz schön mutig und klagt eine anonyme, amorphe Instanz an. Erstens ist Kapital keine Person, es handelt nicht, und zweitens – was oder wer bitteschön ist denn „Spekulationskapital"? Sie wollen Anklage erheben? Dann werden Sie bitte konkret, nennen Sie Namen, Rosse und Reiter: Die Deutsche Bank, die Allianz oder wer auch immer. Das ist natürlich schwieriger, denn jetzt müssen Sie Ihre Anklage detailliert darlegen

Die Phrase	...und was davon zu halten ist
	und inhaltlich begründen und Sie müssen mit Gegenwind aus der Ecke der Betroffenen rechnen – das bedeutet erstens inhaltliche Arbeit und zweitens besteht Gefahr, dass durch diese inhaltliche Arbeit Ihr Weltbild erschüttert wird, weil man nun differenzierter argumentieren muss. Gleiches gilt für Anklagen gegen anonyme Kräfte wie die Globalisierung, die Politik, die Industrie, die Diskriminierung, die Gesellschaft, Hexen oder die Mainzelmännchen.
„europäische Idee"	Eine typische Floskel, mit der man an Gefühle appellieren will: Freiheit, Gleichheit, Brüderlichkeit, europäische Idee – wer würde dazu nein sagen? Das Schöne an diesen konsensstiftenden Meta-Wörtern wie Freiheit, Frieden und Käsekuchen für alle ist ja, dass jeder Mensch ihnen zustimmt. Eine Aussage darüber, wie man denn diese Ziele erreichen will, ist damit aber jedoch nicht getroffen. Dazu müsste man ja konkret werden, und dann wäre es mit dem Konsens rasch wieder vorbei. Solche Floskeln verschleiern mehr, als sie aussagen. Wer nichts zu sagen hat, appelliert an die großen Gefühle. Lassen Sie das, es sei denn, Sie wollen eine Sekte gründen.
„fürs leibliche Wohl ist bestens gesorgt"	Bitten Sie einen Bekannten, Sie zu erschießen, falls Sie jemals diese Floskel verwenden sollten.

Genau das ist der Punkt: Wir ziehen uns auf Floskeln zurück, weil wir zu bequem sind, etwas mit eigenen Worten zu sagen. Das ist eine grobe Unhöflichkeit gegenüber unserem Leser oder Zuhörer. Phrasen über Nachhaltigkeit, Globalisierung, oder das Spekulationskapital ermöglichen es dem Schreiber, unverbindlich-pauschale Anschuldigungen, Spekulationen und Halbwahrheiten ungestraft zu verbreiten und seine Unwissenheit zu verbergen. Denn wer eine anonyme Instanz anklagt oder kritisiert, muss nicht detailliert nachforschen und begründen. Wenn Sie also möglichst forsch möglichst wenig sagen wollen, bleiben Sie möglichst unverbindlich und seien Sie niemals konkret.

Ebenfalls eine akute Gesundheitsgefährdung für das Phrasenschwein sind bildhafte Phrasen: Brennende Fragen, vollendete Tatsachen, bittere Erkenntnisse oder nackte Wahrheiten, dunkle Ahnungen und unabdingbare Forderungen – das alles stammt aus der Rumpelkammer des deutschen Phrasenwortschatzes und sollte dort auch bleiben (die untenstehende Tabelle gibt Ihnen dazu eine kleine Vorlage).

Phrasen gehen dem Schreiber leicht von der Feder und liegen dem Leser schwer im Magen – denken Sie an dessen Gesundheit. Ob Forderungen, Fragen oder Erkenntnisse: Das alles sind ausgewachsene Hauptwörter, die ganz alleine für sich stehen können – gönnen Sie ihnen diese Einsamkeit und schonen sie die Nerven der Leser. Ein netter stilistischer Trick allerdings ist es, diese Phrasen neu zusammenzusetzen oder abzuwandeln, beispielsweise indem man sie in ihr Gegenteil verkehrt – eine elegant gekleidete Wahrheit oder eine taghelle Ahnung taugen, sparsam und vorsichtig eingesetzt, schon eher als Stilmittel.

Anglizismen. Wer über Phrasen spricht, muss auch über Anglizismen sprechen, die eine ähnliche Funktion erfüllen. Wenn man es nicht genau (oder gar nicht) weiß, flüchtet man in Anglizismen, ebenso wie man diesen Ausweg nimmt, wenn man zu faul ist, etwas zu übersetzen oder einen passenden deutschen Ausdruck zu finden. Motiv Nummer drei für die Verwendung von Anglizismen ist Imponiergehabe: Schaut her, ich kann englische Wörter abschreiben, ich bin *hip, up-to-date, cool* und habe *Style.* Und so lesen wir in deutschen Medien über *rope-skipping* und *sky-diving, Fashion-Weeks* und *Comedians,* trinken Kaffee aus *to go* (oder heißt das Land To go, to Go, Togo?) und spielen mit *High-Tech-Gadgets* – das klingt natürlich weltmännischer als Seilspringen, Fallschirmspringen, Modewochen, Komiker, Kaffee zum Mitnehmen oder Technik-Spielzeug.

Bitte: Sie müssen nicht päpstlicher sein als der Papst, manche Anglizismen haben sich mittlerweile in der deutschen Sprache fest etabliert (beispielsweise das Handy, das in Wirklichkeit gar kein englisches Wort ist), aber wer sich solchen Auswüchsen wie dem *rope-skipping* oder dem Kaffee *Togo* ergibt, macht sich entweder unverständlich oder lächerlich – oder beides.[11] Das gilt für den schriftlichen genauso wie für den mündlichen Vortrag. *Gecheckt?*

Und was für Anglizismen gilt, gilt auch für deren oft griechische oder romanische Verwandte, die Fremdwörter: Wenn Sie es ohne

---

[11] Die einzige Ausnahme ist das Schild einer Frankfurter Metzgerei: „One of the best Frankfurter Fleischwurst of our times". Das hat Klasse. Wenn auch vermutlich ungewollt.

Fremdwort sagen können, tun Sie das. Auch wenn es einen Moment braucht, bis man ein entsprechendes allgemeinverständliches Wort findet. Fachjargon verwenden Sie nur, wenn Sie wissen, dass Ihnen auch nur Fachleute zuhören – eine *Verzerrung der Allokation* gibt es also nur in Fachartikeln oder auf Fachkonferenzen (und dort auch zu Recht), aber nicht in Artikeln oder Vorträgen für die Allgemeinheit.

Floskeln, die in Geschäftsreports, Pressemitteilungen oder Vorträgen fehlen dürfen

Floskel	Kommentar
„Der Gewinn konnte gesteigert werden"	Da hat man mal Erfolg – und überlässt ihn dann anonymen Mächten, indem man das Passiv wählt. *Wir* haben den Gewinn erhöht – wer sonst? Wenn jemand den Gewinn steigern konnte, dann bedeutet das noch nicht, dass er dies auch getan hat – man hätte immer den Gewinn steigern können.
„Ab dem kommenden Jahr wollen wir in Deutschland insgesamt die Umsätze stabilisieren und dabei … wachsen"	Dass Sie das wollen, glaubt Ihnen jeder – alleine der Wille zählt nicht. Sagen Sie lieber, wie Sie das machen werden. Streichen Sie das Wort „wollen". Nebenbei bemerkt: Haben Sie das verniedlichende „stabilisieren" registriert? Und warum wollen Sie erst nächstes Jahr wachsen und nicht gleich jetzt?
„Der Schlüssel zu unserem Erfolg heißt Qualitäts-Führerschaft durch modernste Technologie"	Worthülsen-Umweltverschmutzung vom Feinsten. Übersetzt bedeutet das, dass man Produkte machen will, die weder antik sind noch beim ersten Anfassen den Geist aufgeben. Ebenfalls in diese Kategorie fällt die „Kostenführerschaft", „Innovationsführer" oder die „Kompetenzführerschaft" (imposanter: „competitive edge"). Grauenhaft.
„Zu unserer langfristigen strategischen Ausrichtung: Wo wollen wir hin? Im Grundsatz habe ich das bereits … beantwortet: ganz nach vorne!"	Ein phantastischer Satz, jedenfalls dann, wenn Sie Tschaka-Tschaka-Motivationstrainer sind oder vor dem Kreisklasse-Spiel die Mannschaft heiß machen wollen. Das Ausrufezeichen verleiht der ganzen Sache natürlich viel mehr Glaubwürdigkeit: Hier will jemand nach vorne, nicht nach hinten.

Floskel	Kommentar
„Wir wollen nicht um buchstäblich jeden Preis wachsen, sondern nachhaltig profitabel"	Dass man nicht um jeden Preis wachsen wolle, ist mittlerweile eine fest etablierte – und überflüssige – Floskel, und die Leerflaschenworthülsen „nachhaltig" und „profitabel" dürfen in keiner Rede fehlen. Wer gerne kurzatmig und unprofitabel wachsen will, möge bitte aufstehen.
„Damit zielen wir darauf ab, unser Geschäftssystem strukturell zu optimieren. Was heißt das?"	Ja genau, was heißt denn das? Der entsetzte Mitarbeiter vermutet – zumeist zu Recht – hinter der inhaltsleeren „strukturellen Optimierung" eine Kündigungswelle.
„ein hochflexibler Gesamtverbund aus weltweit integrierten"	Ein starrer, national desintegrierter Verbund wäre eine interessante Alternative, oder? Typischer Unternehmens-Bullshit-Bingo-Wortsalat. Viel Wort, wenig Sinn.
„Global Excellence-Strategie"	„Global Excellence" darf heutzutage in keiner Floskelolympiade mehr fehlen. So reden Langweiler und verbale Nebelkerzenwerfer.
„die Stärkung unseres Kerngeschäfts"	Das Kerngeschäft wird immer gerne gestärkt, zumeist in Tateinheit mit der Erschließung neuer Geschäftsfelder oder Märkte. Übersetzung: Wir wollen das tun, was wir immer tun, nur besser. Na das wurde ja auch Zeit.
„bei der Verstetigung unserer Integritätskultur"	Das tut weh.
„Tradition trifft Moderne"	Den Erfinder dieser Floskel sollte man einsperren. Unfreiwillige Satire.
Flexibel, effizient, qualitätsorientiert, profitabel, dynamisch, organisch, traditionsbewusst	Es gibt eine Klasse von Adjektiven, die verboten gehört – hier eine kleine Auswahl. Wie gerne würde man einmal ein inflexibles, ineffizientes Unternehmen sehen, das unorganisch, unprofitabel und undynamisch ist und auf Traditionen pfeift.
Transparenz, Offenheit, Optimierung, Präsenz (international)	Auch Substantive können wehtun – diese ganz besonders. Wörter auf Inhaltsdiät.

Füll- und Stopfwörter. In eine ähnliche Kategorie fallen Buchstabenansammlungen wie „irgendwie", „schlussendlich" (ein Wort, das es gar nicht gibt), „letztendlich" (der kleine Bruder von „schlussendlich", der eigentlich „letztlich" heißt), hundertprozentig, absolut, fraglos, restlos – alles Wörter, die Sie streichen können, ohne dass Ihr Text an Inhalt verliert. Dafür gewinnt er an Verständlichkeit und Flüssigkeit. Wo immer Sie ein solches Wort streichen können, ohne dass der Text an Sinn verliert – tun Sie es. Immer. Schließlich heißt es ja auch nicht „Am Anfang erschuf Gott fraglos Himmel und irgendwie Erde", und Martin Luther King sagte nicht „Ich habe, und das sage ich letztendlich mit aller Deutlichkeit, fraglos und schlussendlich irgendwie einen Traum".

In die gleiche Kategorie wie Füll- und Stopfwörter fallen auch Adjektive. Für jedes Adjektiv müssen Sie eine Erlaubnis beim Leser beantragen. Oder lesen Sie gerne Formulierungen wie interpersonelle Kommunikation, ertragsrelevante Aspekte, öffentlichkeitswirksame Werbung oder problemorientierter Lösungsansatz? Eben. Wir haben zu oft die Neigung, ausgewachsenen Hauptwörtern eine adjektivische Eskorte zur Seite zu stellen. Das Resultat sind drängende Fragen, brennende Probleme und brandneue Erkenntnisse („neu" alleine ist offenbar zu unspektakulär). Nochmal: Forderungen, Fragen oder Erkenntnisse sind ausgewachsene Hauptwörter, die alleine für sich stehen können, sie müssen nicht brennen, drängen oder drücken – gönnen Sie ihnen diese Einsamkeit und schonen sie die Nerven der Leser und Zuhörer. Und noch ein persönlicher Apell des Autors: Bitte streichen Sie das Wort „Mega" aus Ihrem Wortschatz. Das erträgt niemand mehr. Das wäre Mega-nett, wenn Sie das tun könnten.

Das Passiv soll vermieden werden. Finden Sie diesen Satz merkwürdig? Natürlich, so würden Sie nie sprechen oder auch schreiben – warum? Ganz einfach, weil er im Passiv steht. Eigentlich sollte die Überschrift dieses Absatzes heißen „*Vermeiden Sie das Passiv*". Genau das sollten Sie auch tun. Wenn Sie die beiden Sätze („*Das Passiv soll vermieden werden*" und „*Vermeiden Sie das Passiv*") vergleichen, erkennen Sie, welche Schwächen eine Formulierung im Passiv hat:

- Der Täter bleibt ungenannt: Wer soll das Passiv vermeiden?

- Die Satzbildung wird umständlicher. Man braucht zusätzliche Hilfswörter („soll", „wird"). In der alternativen Formulierung brauchen Sie nur ein Verb, das macht den Satz verständlicher und lebendiger.

- Das Passiv ist weniger schwungvoll und anschaulich.

Also: Wo immer möglich, seien Sie konkret, schreiben Sie „Wir haben den Gewinn gesteigert" statt „Der Gewinn konnte gesteigert werden" – niemand redet so, also warum sollte man dann so schreiben? Passive Formen klingen schlecht, verleiten zu aufgeblähten Schachtelsätzen und erschweren das Verständnis eines Satzes. Eine aktive Sprache macht Ihre Aussage verbindlicher, lebendiger und hebt Ihre aktive Rolle hervor (Sie haben den Gewinn gesteigert, nicht irgendwelche anonymen Mächte).

Krieg den Schachtelsätzen. Wir Deutschen lieben und verehren Thomas Mann – leider bisweilen zu sehr, so dass wir ihn nacheifern, was die Länge unserer Sätze angeht. Die Folge: Wortanakondas, Satzschlangen, Silbenbandwürmer, deren Sinn bereits nach der Hälfte des Lesens verloren geht. Mögen Sie so etwas? Wenn nein, warum wollen Sie es Ihren Lesern oder Zuhörern antun? Dabei gibt es ein paar einfache Regeln, mit deren Hilfe Sie Ihre Sätze verständlich halten können:

- Vermeiden Sie zu viele Artikel zwischen Subjekt und Prädikat oder zwischen den beiden Teilen zusammengesetzter Verben. Wann immer möglich, ziehen Sie das Verb vor und stellen Sie es in die Nachbarschaft des Hauptwortes. Das reduziert auch das Potential für Missverständnisse.

- Vermeiden Sie Einschübe: „Beck, der, als er 2006 einen Vortrag hielt, angab, dass er am nächsten Tag, wenn er bis dahin nichts gehört habe, …". Solche Sätze haben viele Handlungsebenen: Da wäre Beck, der etwas tun, machen oder sagen wird, was wir aber noch nicht wissen, weil jetzt nämlich der erste Einschub kommt („als er 2006 einen Vortrag hielt, angab …"), der noch von einem weiteren Einschub gefolgt wird – wer kann da noch den Überblick behalten? Also: „Beck kündigte, nachdem er auf einem Vortrag 2006 gesagt hatte, dass er nur noch bis zum nächsten Tag warten werde". Jeder Einschub erschwert die Verständlichkeit eines Satzes.

- Machen Sie aus einem mehrere Sätze. Es ist überhaupt keine Schande, einen Satzbandwurm zu zerlegen, man gewinnt Verständlichkeit und Lebendigkeit. Und halten Sie sich dabei immer vor Augen, dass Hauptsachen in Hauptsätze gehören. Aber Vorsicht: Lassen Sie Ihre Bemühungen um kurze Sätze nicht zu dem ausarten, was man als Asthma-Stil bezeichnen könnte, das wäre genauso unerfreulich und liest sich in etwa so: „Der Dax steigt. Das freut die Händler. Aber auch die Banken schöpfen Hoffnung. Sie glauben an weitere

Gewinne. Aber es gibt auch Risiken. Was wird mit Amerika?" Bisweilen neigen Journalisten (vor allem die Blattmacher) dazu, Sätze zu sehr zu zerstückeln, was dann zu besagtem Text-Asthma führt. Das ist ebenso grauenhaft wie Satzbandwürmer. Allerdings zeigt die Bild-Zeitung immer wieder, dass man auch schwierige Themen in kurze, verständliche Sätze packen kann – glauben Sie bitte nicht, dass das einfach ist.

Also: Erst denken und strukturieren, dann schreiben. Kein Sachverhalt ist so kompliziert, dass man ihn nicht in kurzen Sätzen schildern könnte.

Kein Kanzleistil. Wenn Boulevard-Magazine im Fernsehen Berichte von Katastrophen oder Bränden zeigen, werden gerne die Retter und Helfer vor Ort – Polizisten, Feuerwehrmänner – interviewt. Diese Retter sprechen vor der Kamera meist recht merkwürdig, das klingt in etwa so: „anlässlich der Überprüfung der Personalien stellten wir fest …:" oder „zum Zwecke der näheren Prüfung wurde der Fahrer des Kfz aufgefordert, zu stoppen …". Das klingt irgendwie amtlich, irgendwie unverständlich, irgendwie – lächerlich. Wenn der besagte Feuerwehrmann nach Hause kommt und seiner Frau erzählt, was vorgefallen ist (denken Sie an die Küchenzeile), wird er wohl kaum so sprechen. Er würde eher Sätze sagen wie: Heute haben wir einen Fahrer gestoppt, und als wir seinen Ausweis überprüften, stellte sich heraus: Das war ja der Bundeskanzler". So sagt man das – aber nicht vor laufender Kamera. Warum?

Dieses sprachliche Phänomen ist der sogenannte Kanzleistil, die Form der Sprache, die von Behörden und Obrigkeiten genutzt wird. Hier zeigt sich, dass Sprache auch ein Machtinstrument ist: Die Obrigkeit spricht in gespreizten, gestelzten, unverständlichen Schachtelsätzen, und der Bürger fühlt sich dadurch zum Untertan degradiert – er versteht diese Sprache nicht, spricht sie selbst nicht und wird eingeschüchtert. Wenn Sie also Ihre Leser einschüchtern (oder einschläfern) wollen, ist das eine prima Taktik. Falls das nicht Ihre Absicht ist, müssen Sie den Kanzleistil vermeiden – aber wie? Hier ein paar Ideen:

So vermeiden Sie den Kanzleistil

- *Kanzleistil ist oftmals durch Schachtelsätze geprägt, das macht alles unverständlicher und vermeintlich imposanter.*

- *Kanzleiautoren verwenden gerne das Passiv, weil es Verantwortung verschleiert.*

- *Wer dem Kanzleistil ausweichen will, verwendet statt dem allgemeinen Wort das spezielle, treffende Wort. Statt dem Fahrer des Kfz sprechen wir von dem Porsche-Fahrer, der Fahrer wurde nicht aufgefordert, sondern wir haben ihn aufgefordert, und es wurden nicht die Personalien kontrolliert, sondern der Personalausweis. Wo immer möglich, seien Sie so präzise und speziell wie möglich, das macht den Text oder Ihre Rede sofort anschaulicher und lebendiger.*

- *Ebenfalls stilschädlich sind doppelte Verneinungen wie „ein nicht unwesentliches Detail" (will heißen: ein wichtiges Detail) oder „blieb nicht ohne Folgen" („hatte Folgen").*

- *Ein weiterer Trick des Kanzleistils ist die Substantivierung von Verben. Beispiel gefällig? Aber gerne: „Nach der Erhöhung der Tarife bleiben Einsprüche der Kunden weiteren Erwägungen bezüglich einer Rabattierung vorbehalten." Oder statt zu untersuchen „führt man eine Untersuchung durch", man macht Mitteilung statt mitzuteilen, oder aber man spricht von der „Substantivierung von Verben" – siehe oben. Und sofort wird Ihr Text hässlicher. Um diese Stilfalle zu vermeiden, achten Sie einfach auf zwei Dinge: Vermeiden Sie Wörter mit der Endung „-ung" und meiden Sie nichtssagende Verben wie „durchführen" oder „gestalten".*

Übertreiben Sie es nicht. Bisweilen findet man immer wieder Texte, deren Autoren sich um den Leser bemühen, und sie greifen zur schärfsten Waffe, die unsere Sprache zu bieten hat: Bilder, Analogien und Metaphern. Das ist prima, macht einen Text lebendig, verständlich und würzt ihn. Aber wie bei jedem guten Essen macht es die Mischung: Wer zu viel würzt, erhält eine verdorbene Mahlzeit. Oft machen die Schreiber hier zwei Fehler: Erstens wählen sie Bilder, die viel zu gewaltig sind für das, was sie beschreiben, und zweitens stopfen sie ihren Text mit so vielen Bildern voll, dass ein Gefühl geistiger Blähungen entsteht. Wenn also in einer Konzertkritik steht, dass der Gitarrist seinem Instrument „stählerne Klangkaskaden entlockt, die von der Decke perlen wie flüssiger Stahl", dann überfordert das die Vorstellungskraft des Lesers und wirkt lächerlich. Es ist einfach zu viel des Guten, wenn dann noch in den folgenden Sätzen die anderen Instrumente eine ähnliche Würdigung erfahren: „Der Zuhörer reibt sich am warmen Reibeisen seiner Stimme". Dann ist der Text völlig überladen und albern. Weniger wäre da mehr.

Natürlich soll man diese Stilmittel einsetzen, aber bitte immer gut dosiert, darin liegt die Kunst. Ein einfacher Kniff besteht darin, sich auf ein Leitmotiv zu konzentrieren, das man innerhalb des Artikels oder des Vortrages variiert. Wenn also der Gitarrist stählerne Klänge fabriziert, überlegt man, ob man vielleicht das Konzert in das Gesamtbild eines Stahlwerks stellen kann – die Kunst besteht dann darin, das Bild innerhalb des Artikels oder Vortrages durchzuhalten und nicht den Gitarristen Stahl produzieren zu lassen, den Sänger aber Reibekuchen. Man verpasst dem Artikel oder dem Vortrag damit ein einheitliches metaphorisches Gewand. Aber auch hier ist Vorsicht geboten: Man darf die Analogie nicht überstrapazieren und muss sorgsam darauf achten, dass sie auch wirklich in jeder Hinsicht passt. Wie gesagt: Hier hört das Handwerk auf, hier beginnt die Kunst.

Satzzeichen. Sie sind eine arg vernachlässigte Spezies die kleinen Punkte und Striche mit denen man einen Text würzen kann dabei sind Satzzeichen ein wunderbares stilistisches Mittel Im Einzelnen gibt es hier folgende Möglichkeiten

Der obige Absatz wirkt komisch auf Sie? Richtig, denn es fehlen die Satzzeichen. Merken Sie, wie wichtig Satzzeichen sind? Eigentlich sollte dieser Absatz so lauten:

Sie sind eine arg vernachlässigte Spezies: Die kleinen Punkte und Striche, mit denen man einen Text würzen kann – dabei sind Satzzeichen ein wunderbares stilistisches Mittel. Im Einzelnen gibt es hier folgende Möglichkeiten:

Satzzeichen richtig nutzen

- *Der Doppelpunkt ist eines der wichtigsten Stilmittel, um Dramaturgie zu erzeugen. „Das Resultat dieser Politik: Europa driftet ins Chaos."*

- *Der Gedankenstrich erzeugt Spannung – nutzen Sie ihn täglich. Man kann ihn auch für kurze Einschübe verwenden. „Der Bundeskanzler – und nur der Bundeskanzler – hat das Recht ..."*

- *Das Semikolon kann einzelne Gedankenstränge näher aneinander rücken; man verwendet es, wenn zwei Sätze gleichberechtigt nebeneinander stehen.*

- *Einzig das Ausrufezeichen ist ein problematischer Kandidat: Man schreit seine Leser (und erst recht Vorgesetzte) nicht an, deshalb sollten Sie auch mit dem Ausrufezeichen sehr sparsam umgehen. Also: Nicht „Diese Politik brachte Griechenland an den Abgrund!" schrei(b)en. Sätze wie diese entblößt die Emotionalität des Schreibers und seine fehlende Distanz zum Thema.*

- *Nutzen Sie auch gestalterische Elemente: Wichtige Worte oder Aussagen kann man kursiv setzen; Aufzählungen, Zwischenüberschriften und Zusammenfassungen am Seitenrand erhöhen die Lesbarkeit. Ob in einem Text **Fettungen** angebracht sind, ist jedoch auch von seinem Format abhängig.*

- *Und noch ein persönlicher Apell des Autors: Keine Anführungszeichen (Gänsefüßchen). In vielen deutschen Medien haben sich die kleinen Striche seuchenartig ausgebreitet – zu Unrecht. Anführungszeichen nutzt man nur für direkte Zitate („Lassen Sie Anführungszeichen weg", sagte Beck) oder aber, wenn man schriftlich Ironie versinnbildlichen will (Unsere „Wohnung" war ein Erdloch). Warum viele Medien feststehende Begriffe in Anführungszeichen setzen, ist nicht nachvollziehbar – ein fester Begriff steht als solcher für sich selbst und bedarf keiner Anführungszeichen, diese entwerten ihn eher und sind in diesem Fall eine sinnfreie Verballhornung des Schriftbildes und der Sprache.*

Satzzeichen sind eine Hilfe bei der Gestaltung und der Dramaturgie – machen Sie ausgiebig Gebrauch davon.

Das alles strengt an, ist zeitaufwendig. Aber Sie müssen sich immer fragen, wer sich anstrengen soll: der Leser oder der Redner respektive Schreiber? Und was ist mit dem Zuhörer? Um den kümmern wir uns im folgenden Abschnitt.

III. Vortragen mit Folien

„Ich hasse Powerpoint". Noch vor rund 20 Jahren sahen die meisten Vorlesungen in etwa so aus: Der Professor erscheint im Saal, legt eine verschmierte, transparente Folie auf einen Overhead-Projektor und schnuddelt mit Filzstiften auf dieser Folie vor sich hin. Das Alternativprogramm waren die Kollegen, die statt auf die Folie auf die Tafel schnuddelten.[12] Ganz Hartgesottene sprachen frei, ohne

---

[12] Einer meiner Professoren schrieb einmal sogar auf der Wand weiter – imponierend.

etwas aufzuschreiben. Man soll die Kollegen nicht dafür verurteilen: Erstens gab die Technik damals nicht mehr her und zweitens konnte man dennoch dabei eine ganze Menge lernen, vielleicht sogar mehr als bei den heutigen Veranstaltungen – man war gezwungen, ständig aufzupassen, am Ball zu bleiben und mitzuschreiben.

Heute geht es an Hochschulen anders zu: Wer ohne Powerpoint in den Vortrag startet, muss sich schon was trauen. Wer aber mit einer Schnuddel-Folie ins Rennen geht, darf sich nicht wundern, wenn ihm das Publikum komplett von der Stange geht. Dennoch hat die neue Powerpoint-Kultur viele Kritiker: Da würden Inhalte durch bunte Bilder ersetzt, die Qualität gehe verloren. Ganz so einfach darf man das nicht sehen, eigentlich ist es so: Powerpoint ermöglicht es Ihnen zwar, inhaltliche Lücken zu kaschieren (aber auch nicht vor jedem Publikum), aber Powerpoint kann Ihnen auch dabei helfen, aus Ihrem Vortrag noch mehr rauszuholen.

Machen wir uns nichts vor: Ein inhaltlich brillanter Vortrag nützt Ihnen wenig, wenn er schlecht verpackt und präsentiert ist. Also sehen wir es optimistisch: Powerpoint macht aus guten Vorträgen noch bessere Vorträge – es ist ein Werkzeug und nur so gut wie derjenige, der es benutzt. Solange wir bei der Maxime „Lang leben die Inhalte" bleiben, können wir ohne Bedenken auf Powerpoint zurückgreifen. Aber auch hier gibt es so etwas wie eine Etikette, die es zu beachten gilt. Schauen wir uns das einmal genauer an.

Auf die Größe kommt es an. Eigentlich erklärt sich das von selbst: Der beste Inhalt taugt nichts, wenn man ihn nicht lesen kann. Die Schrift muss also eine gewisse Mindestgröße haben. Wie groß sie genau sein muss, darüber kann man sich streiten, aber mit einem Schriftgrad von 28 bis 36 Punkten sollten Sie in etwa hinkommen.

Auch bei der Schriftart sollten Sie genauer hinschauen, einige Schriften eignen sich besser für Präsentationen, beispielsweise Arial, andere Schriften hingegen sind etwas zierlicher gebaut, wodurch die Lesbarkeit etwas leidet (beispielsweise Times New Roman). Auch hieraus kann man eine Wissenschaft machen (was wir hier nicht wollen). Nehmen Sie einfach eine Schrift, die einigermaßen gestanden daherkommt und nicht so wirkt, als würde sie beim ersten Lüftchen umgeblasen. Die folgende Abbildung zeigt Ihnen die Wirkung unterschiedlicher Schrifttypen auf einer Folie. Eins sollte dabei klar sein: Exotische, geschwungene Schriften wie die letzte Schrift auf dieser Folie sind keine Option.

Folien: Schriften

- Das ist Arial 28
- Das ist Arial 36
- **Das ist Arial Black 28**
- Das ist Times New Roman 28
- Das ist Bookman Old Style 28
- Das ist Calibri 28
- **Das ist Rockwell ExtraBold 28**
- Das ist Comic Sans MS 28
- DAS IST COPPERPLATE GOTHIC LIGHT 29

Ein paar Proben verschiedener Schrifttypen (die Zahl dahinter ist der Schriftgrad) – welche Schrift wählen Sie?

Wenn Sie eine hinreichend große Schrift nutzen, verhindern Sie auch den typischen Fehler, dass Sie zu viel auf eine Folie packen. Bisweilen sieht man Präsentationen, bei denen auf einer Folie ein ganzer Roman steht. Das kann in der kurzen Zeit des Vortrages kaum jemand lesen, und wenn er es tut, kann er Ihnen nicht zuhören.

Nicht überfrachten. Die Wörter auf der Folie dienen eigentlich nur drei Zwecken: Sie sollen erstens den Zuhörern klar machen, an welcher Stelle des Vortrages Sie sich gerade befinden und zweitens die Kernargumente Ihres Vortrages visualisieren. Der dritte Zweck gilt nur Ihnen: Die Folien sind eine Leitplanke für Sie, damit Sie keinen Punkt Ihres Vortrags vergessen, sie sind sozusagen Ihr Spickzettel. Deswegen benötigen Sie auch keine Karteikarten, aber dazu gleich noch ausführlicher.

Faustregeln sprechen davon, dass nur sieben Zeilen pro Folie zulässig sind. Wenn Sie statt ganzer Sätze nur Stichworte nehmen, wird das Publikum weniger von den Folien abgelenkt. Manche Autoren – beispielsweise Thiele (2007), den Sie für weitere Vortragsvorbereitungen gut nutzen können – sprechen davon, dass drei bis fünf Wörter pro Zeile ausreichen. Grundsätzlich macht das Folien in der Tat lesbarer, aber bei längeren Vorträgen wird es schwer, das immer durchzuhalten. Generell gilt: Je weniger Wortbandwürmer auf der Folie, umso besser.

Ruhe durch Einheitlichkeit. Was bei der Schrift noch wichtig ist: Achten Sie darauf, dass Sie überall einheitliche Schrifttypen und -größen verwenden – andernfalls wird Ihre Präsentation zu unruhig, vor allem immer dann, wenn Sie auf die nächste Folie umschalten. Je einheitlicher das Design Ihrer Präsentation, umso ruhiger wirkt sie und umso eher empfinden Ihre Zuhörer sie als angenehm.

Das bedeutet auch, dass Sie bei den Übergängen darauf achten sollten, dass das Schriftbild und die Überschriften, Tabellen oder Grafiken immer auf der gleichen Position stehen. Dann entstehen keine optischen Brüche und Sprünge beim Umschalten auf die nächste Folie: Die nächste Überschrift erscheint an der gleichen Stelle, an der die vorherige Überschrift verschwindet. Verwenden Sie dazu die Gitternetzlinien und die Führungslinien, die Ihnen Powerpoint anbietet. Ein einfacher Trick besteht darin, stets die nächste Folie zu entwickeln, indem Sie die vorherige Folie kopieren und dann den Inhalt abändern. Das stellt sicher, dass alles, was auf der neuen Folie gegenüber der alten Folie nicht verändert wird, an seinem Platz bleibt. Schalten Sie nun zwischen den Folien hin und her, so reduziert das die Unruhe beim Umschalten.

Eine ganz einfache Maßnahme, um das Erscheinungsbild Ihrer Präsentation zu überprüfen, besteht darin, diese testweise dort aufzuspielen, wo Sie Ihre Präsentation halten werden. Gehen Sie dazu in die hinterste Reihe des Saales und lassen alle Folien durchlaufen. Versetzen Sie sich in die Lage des kritischen Zuhörers – wie wirkt Ihre Präsentation auf diesen? Wenn Sie den Ort Ihrer Präsentation vorher nicht aussuchen können, weichen Sie auf andere Orte aus. In Ihrer Hochschule oder Ihrem Unternehmen werden Sie beizeiten einen leeren Raum finden können. Falls das gar nicht geht, müssen Sie es eben am heimischen Bildschirm machen – aber mit entsprechendem Abstand zu selbigem.

Kopf- und Fußleiste. Was steht auf der Folie? Natürlich zuoberst der Titel der Folie, der Hinweise darauf gibt, welcher Punkt hier abgehandelt wird. Darüber hinaus versehen Sie Ihre Folie in der Fußleiste mit einer Seitenangabe und Ihrem Namen und dem Namen der Institution, für die Sie sprechen. Weiterhin können Sie die Zahl der noch verbleibenden Seiten angeben. Bisweilen bringen Referenten am Rand oder in der Fußzeile die komplette Gliederung unter, wo dann immer derjenige Gliederungsaspekt, der gerade behandelt wird, farblich abgesetzt wird – das erhöht die Orientierung des Zuhörers.

Warum wir so bleiben, wie wir sind

- Wir halten zu lange an Investments fest
- Wir behalten überflüssige Dinge
- Probefahrten und Rückgabegarantien
- Wir fallen auf Lockangebote herein
- Wir sind Gewohnheitstiere
- Wir verfallen in Entscheidungsapathie

HOCHSCHULE PFORZHEIM 53

So kann eine Folie in Stichpunkten aussehen

Weniger ist mehr. Zugegeben, das ist ein ziemlich platter Spruch, aber bisweilen muss man sich daran erinnern. Powerpoint ist ein tolles Spielzeug und bietet unglaublich viele Möglichkeiten: Farben, Klänge, Animierung, 3D-Effekte und und und – was ist davon zu halten? Naja, achten Sie lieber auf die folgenden Grundregeln.

Grundregeln für Ihre Präsentation

■ Einheitlichkeit. *Entscheiden Sie sich für ein Design, und halten Sie dieses durch die Präsentation hinweg durch. Widerstehen Sie der Versuchung, die vielen tollen Design-Möglichkeiten von Powerpoint auszunutzen und jeder Folie ein neues, unverwechselbares Design zu geben. Das lenkt zu sehr ab vom Inhalt und ermüdet Ihren Zuhörer rasch.*

■ Keine Regenbogen. *Natürlich dürfen Sie Farben benutzen – aber wie beim Schminken sollten Sie es nicht übertreiben. Sie können beispielsweise einzelne Worte farblich hervorheben oder mit farbigen Grafiken oder Diagrammen arbeiten, aber Sie sollten keinen Regenbogen aus jeder Folie scheinen lassen.*

■ Kein Wuuuusch! *Powerpoint bietet teils recht alberne Optionen: Sie können beispielsweise jeden Folienwechsel mit einem Geräusch begleiten. Das ist indiskutabel – lassen Sie das. Verzichten Sie lieber* gänzlich auf Soundeffekte, diese wirken – bis auf wenige gerechtfertigte Ausnahmen – immer übertrieben und aufgesetzt.

- Schonen Sie die Augen Ihrer Zuhörer. *Powerpoint bietet viele Möglichkeiten, visuelle Effekte zu erzeugen: Man kann Schriften auftauchen und verschwinden lassen, man kann verschiedene Optionen zum Einfliegen einer Folie verwenden, man kann Buchstaben drehen, vergrößern, aus dem Bild laufen lassen und weiß der Teufel noch was. Sie ahnen es: Verzichten Sie auf diese Spielereien. Bleiben Sie bei einem Übergangsmodus für die Folien, lassen Sie die Schrift ruhig stehen, gönnen Sie dem Zuschauer etwas Ruhe. In den meisten Fällen wirken solche Aktionen wie die Präsentation eines Teenagers, der die tollen Spielmöglichkeiten seines Präsentationsprogrammes entdeckt hat. Aber natürlich gibt es auch sinnvolle Animationen: Wenn Sie bei einer grafischen Analyse den Weg von Kurven verdeutlichen wollen, wenn Sie schrittweise einen Gedanken zusammen mit dem Publikum entwickeln möchten, wenn Sie mit Hilfe einfacher grafischer Darstellungen die Funktionsweise einer Technik, einer Regulierung oder eines Prozesses darstellen möchten. Ein schönes Beispiel sind Konten, auf denen man Beträge hin- und herbuchen will – diese kann man durchaus animieren, das wirkt auch nicht aufgesetzt. Wie so oft: Am Ende müssen Sie sich auf Ihr Gefühl verlassen.*

- Hintergründe und Design. *Welches Design soll Ihre Präsentation haben? Powerpoint bietet Ihnen hier verschiedene vorgefertigte Designs an, für jeden Geschmack etwas. Grundsätzlich brauchen Sie natürlich ein wenig Fingerspitzengefühl, um für einen bestimmten Anlass das richtige Design auszusuchen, aber ein paar allgemeine Sätze lassen sich dazu sagen. Erstens sollten Sie immer darauf achten, dass sich die Schrift gut vom Hintergrund abhebt. Schwarze Schrift auf weißem Grund ist gut, blaue Schrift auf grauem Hintergrund nicht. Zweitens sollte das Design der Folien nicht zu wild sein, damit es nicht von der Schrift – und damit den Inhalten – ablenkt. Der Hintergrund darf nicht in den Vordergrund drängen.*

IV. Überzeugen mit Grafiken

Wenn Vorträge mit Daten und Modellen arbeiten, sind Grafiken und Tabellen unverzichtbar. Oder? Dieses Buch rät von Tabellen in Präsentationen weitgehend ab: Tabellen sind zumeist vom Zuhörer schwer zu erfassen und schwierig zu lesen. Oft neigen die Vortragenden zudem dazu, zu große Tabellen mit zu kleinen Zahlen auf ihre

Folien zu prügeln – so dass schon die Zuhörer in der dritten Reihe das nicht mehr lesen können. Die Höchststrafe für Zuhörer besteht dann darin, dass der Referent beim Anschauen seiner eigenen Folie dem Publikum erklärt, dass das „wohl nicht so gut zu lesen sei". Das Publikum fragt sich dann natürlich, ob er das nicht hätte vorher wissen können, anstatt es dem Publikum zuzumuten. Lassen Sie das also.

Tabellen sind beispielsweise angebracht, wenn sie eine Entscheidungssituation darstellen (dazu folgt weiter unten ein Beispiel) oder eine Matrix; aber Tabellen als Zahlengrab sollten Sie meiden. Fast jede Tabelle kann man aber in eine entsprechende Grafik umwandeln, die das Auge viel rascher erfassen kann. Zudem visualisieren Grafiken sehr viel anschaulicher eine Entwicklung oder einen Vergleich. Eine wohlplatzierte Grafik unterstützt Ihr Argument und erhöht das Verständnis des Publikums. Verzichten Sie niemals darauf. Und wenn die Tabelle nicht in eine Grafik passt, überlegen Sie sich, wie Sie sie gescheit in mehrere Grafiken zerlegen können. Oder Sie komprimieren die Daten, oder Sie verzichten auf einen Teil der Daten. Sollte trotz allem am Ende eine Tabelle übrig bleiben, die groß, wichtig und für Ihre Präsentation unverzichtbar ist, dann verteilen Sie diese als Kopie an Ihre Zuhörer.

Grafische Darstellungen: die wichtigsten Formate. Daten (Zahlen) sollte man nach Möglichkeit immer in Form von Grafiken darstellen – das ist für das menschliche Auge angenehmer und einfacher zu erkennen als Zahlenkolonnen. In der Regel werden Sie mit vier verschiedenen Arten von Grafiken auskommen: dem Säulendiagramm, dem Balkendiagramm, dem Kuchendiagramm und dem Liniendiagramm.

Das Säulendiagramm

Säulendiagramme sind nützlich, um Werte zu vergleichen. Im folgenden Beispiel wird der Umsatz in verschiedenen Absatzregionen eines Unternehmens verglichen.

Das Säulendiagramm

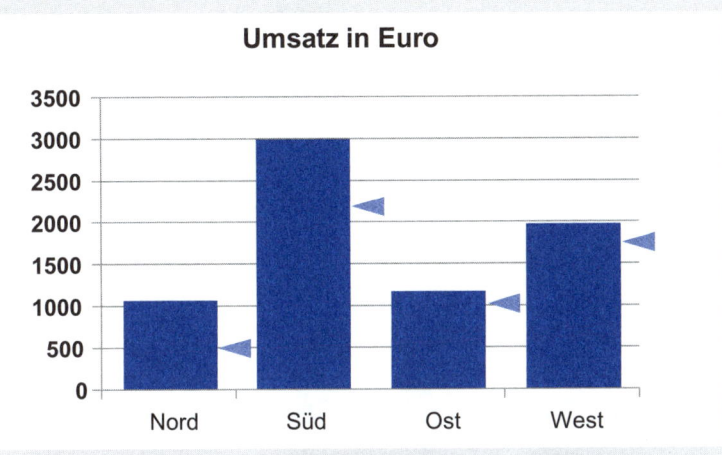

Umsatz in Euro

Als Differenzierungsmöglichkeit, hier in Form von Dreiecken, kann man weitere Werte an die Säulenschreiben, um zum Beispiel den Soll-Wert im Vergleich zum Ist-Wert darzustellen. In einer etwas gehobenen Form kann man aus den Balken Thermometer machen, und der Füllstand der Thermometer ersetzt dann die Dreiecke.

Das Balkendiagramm

Balkendiagramme nutzt man, um Rangfolgen zu zeigen. In der Regel stellt man den besten Wert nach oben, dann in absteigender Reihenfolge die folgenden Plätze:

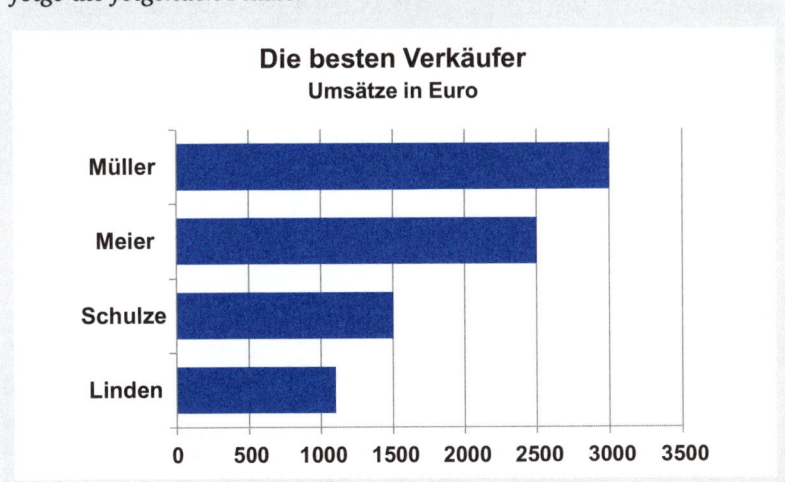

Die besten Verkäufer
Umsätze in Euro

Das Kuchendiagramm

Kuchendiagramme nutzt man, um die Zusammensetzung eines Ganzen (hier im Beispiel: der Bundeshaushalt) in seinen einzelnen Komponenten (hier: Ausgabenkategorien) zu zeigen. Ob man die Kuchenteile auseinanderstreben lässt, wie in diesem Beispiel, oder nicht, ist Geschmackssache.

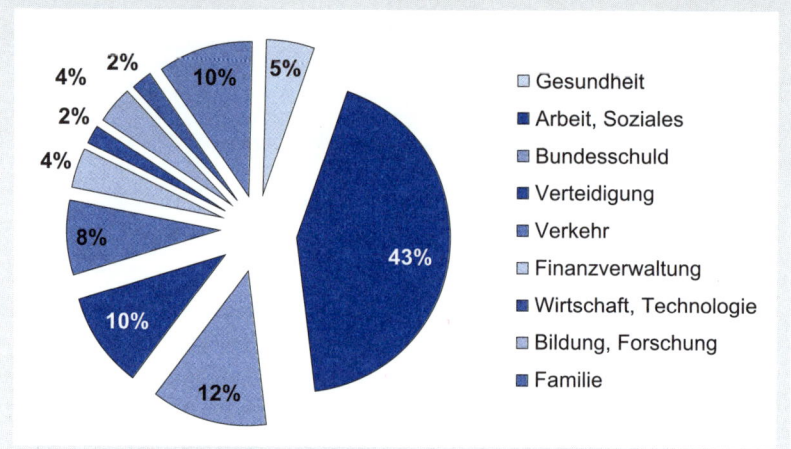

Das Liniendiagramm

Liniendiagramme nutzt man, um die Entwicklung eines Sachverhaltes über die Zeit hinweg darzustellen. Im Gegensatz zu Säulen- und Balkendiagrammen, die man bei sogenannten Querschnittsdaten nutzt, handelt es sich hier um Längsschnittdaten. Wichtig bei diesen Grafiken ist, dass Sie diese nicht mit zu vielen Linien überladen, sonst kann man die einzelnen Linien nicht mehr gut auseinander halten.

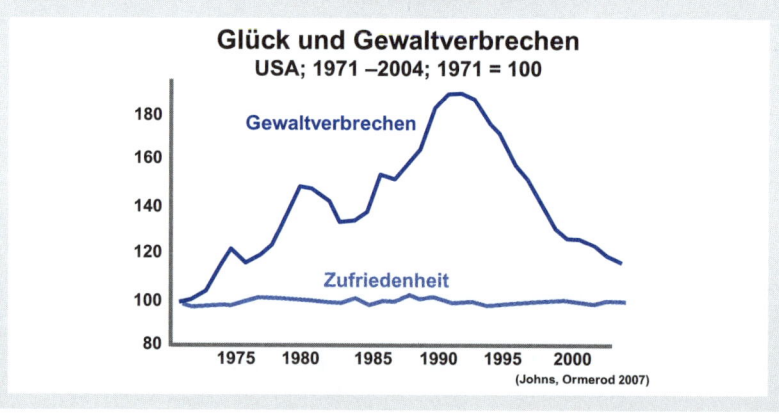

Noch eine wichtige Regel bei Liniengrafiken: Sorgen Sie dafür, dass die Linien hinreichend dick sind. Oft sieht man in Präsentationen, dass der Referent die durch Powerpoint oder Excel vorgegebene Standard-Breite der Linien nutzt – für Vorträge ist diese Standardvorgabe viel zu dünn.

Ein Tipp: Indexierung. Wenn Sie versuchen, die Werte in der folgenden Tabelle direkt in einer Grafik darzustellen, sieht das aus wie in der folgenden Grafik:

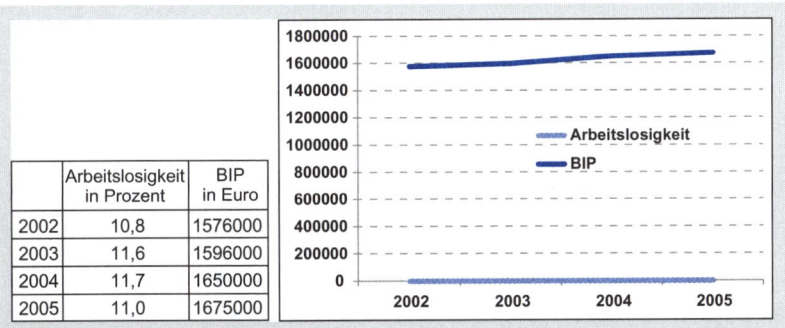

	Arbeitslosigkeit in Prozent	BIP in Euro
2002	10,8	1576000
2003	11,6	1596000
2004	11,7	1650000
2005	11,0	1675000

Ohne Indexierung ist die zeitliche Entwicklung von Bruttoinlandsprodukt und Arbeitslosigkeit grafisch schwer vergleichbar

Wie Sie sehen, sehen Sie da nichts, denn die absoluten Werte sind viel zu unterschiedlich, als dass sie in eine Grafik passen. Kein Problem, wenn Sie die Werte umrechnen (indexieren): Der erste Wert wird bei jeder Zahlenreihe gleich 100 gesetzt, alle anderen Werte werden jeweils durch den ersten Wert geteilt und dann mit 100 multipliziert. Das Resultat sind indexierte Werte, die Sie nun schön in einer Grafik darstellen können:

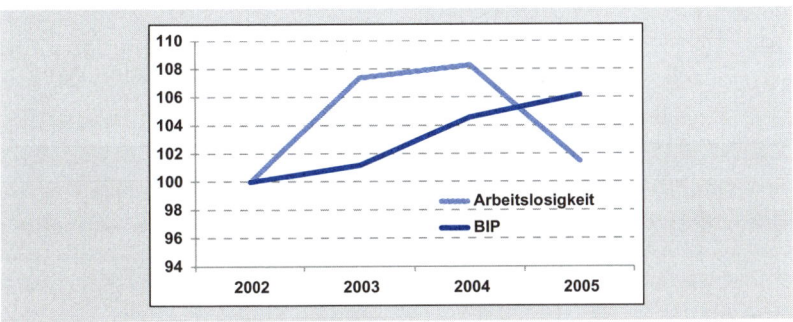

Mit Indexierung fällt der Zusammenhang gleich ins Auge

139

Nutzen Sie Tabellenkalkulationsprogramme. Wer Präsentationen und schriftliche Vorlagen anfertigen muss, denkt zumeist nur an ein Textverarbeitungsprogramm und ein Präsentationsprogramm – dabei gibt es noch eine weitere ausgezeichnete Hilfe, nämlich Tabellenkalkulationsprogramme wie Excel. Solche Programme dienen nicht nur (wie wir bereits gesehen haben) zur Verwaltung der eigenen Literatur, sondern auch vorzüglich zum Erstellen von Tabellen und Grafiken

Mit Hilfe von Excel können Sie aussagekräftige und anschauliche Grafiken in den genannten Formaten erstellen, die Sie dann leicht in Ihr Präsentationsprogramm oder Textverarbeitungsprogramm exportieren können. Die folgende Abbildung zeigt Ihnen ein etwas komplexeres, aber hilfreiches Format: das Blasendiagramm. Damit kann man zusätzlich zu einem Wertepaar über die Größe der Datenpunkte einen dritten Wert abbilden.

Region	Umsatz in Euro	Marktanteil in Prozent	Gewinn in Euro
Nord	1100	2	40
Süd	1500	15	30
Ost	2500	8	10
West	3000	5	20

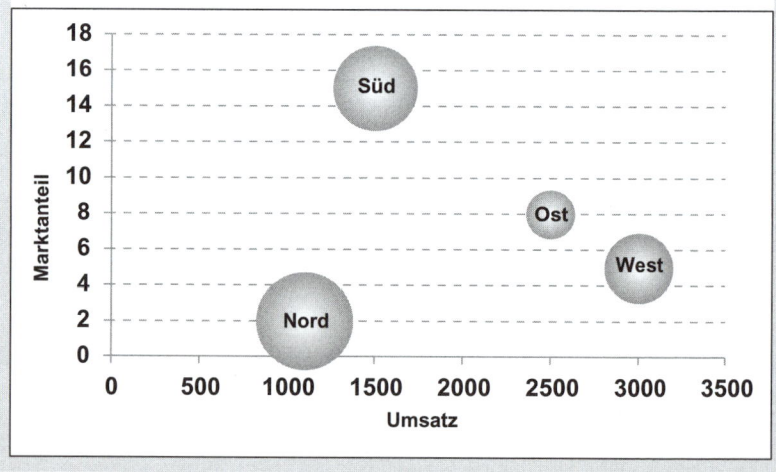

So kann das aussehen: Eine Tabelle in Excel und das dazugehörige Blasendiagramm

Tabellenkalkulationsprogramme eignen sich naturgemäß auch für mathematische Berechnungen. So kann man mit Hilfe der Formeln dieser Programme beispielsweise Zinseszinsberechnungen durchführen, einfache statistische Kennzahlen wie Durchschnitte oder Varianzen, aber auch kompliziertere Formeln oder Szenarien berechnen. Man kann sogar Regressionsanalysen durchführen. Die folgende Abbildung zeigt Ihnen ein Beispiel, wie man eine Berechnung mit Variablen versieht und dann von Excel durchspielen lassen kann, was passiert, wenn sich diese Variablen ändern.

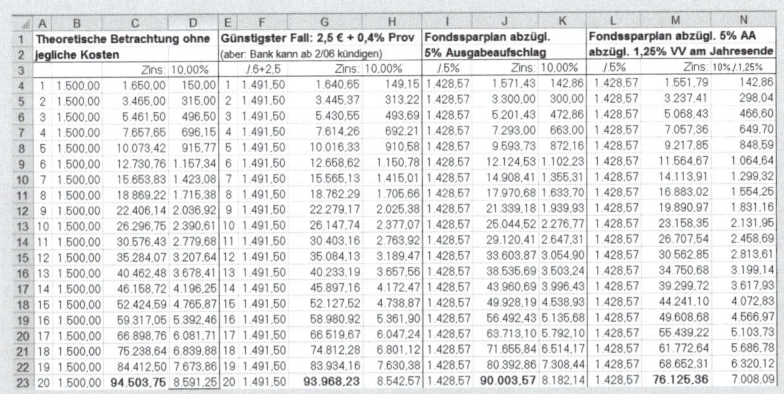

Das kann eine Tabellenkalkulation auch: Berechnung verschiedener Szenarien. Hier kann man beispielsweise den Zins variieren und sehen, wie sich die Ergebnisse dadurch ändern.

Für alle Grafiken gilt wie für Folien: Sie müssen groß und lesbar sein, sonst sollten Sie darauf verzichten. Zahlen müssen gut lesbar sein, die Achsen müssen deutlich beschriftet sein und die Grafik muss möglichst selbsterklärend sein. Für Grafiken kann man auch, wie im folgenden Beispiel, aus dem herkömmlichen Präsentationsdesign ausscheren und die gesamte Breite der Folie nutzen – das ist zulässig und erhöht die Lesbarkeit und Verständlichkeit der Grafik.

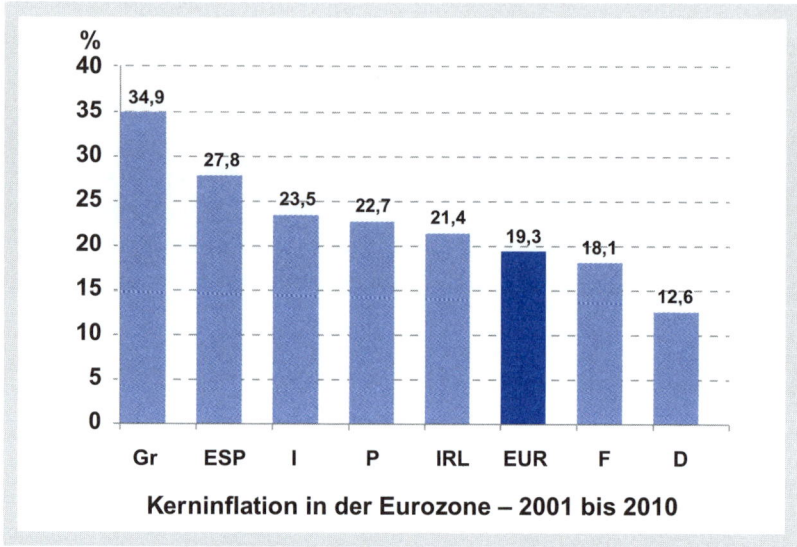

Kerninflation in der Eurozone – 2001 bis 2010

Nutzen Sie die ganze Folienbreite für Ihre Grafiken. Den dunklen Balken bei EUR, der den Durchschnitt der Euro-Zone darstellt, könnte man außerdem animieren: Zunächst hat er die gleiche Farbe wie die anderen Balken, die man zuerst erläutert, dann hebt man durch einen weiteren Klick den Balken farblich hervor und erläutert ihn.

Auch kompliziertere Grafiken, beispielsweise von Modellen, können Sie auf Folien bannen. Hier kann auch der Einsatz von Farben sinnvoll sein – ein Beispiel sehen Sie in der folgenden. Je nach Geschmack kann man auch auf Kommentare zur Grafik verzichten – dann kann man sie noch größer machen.

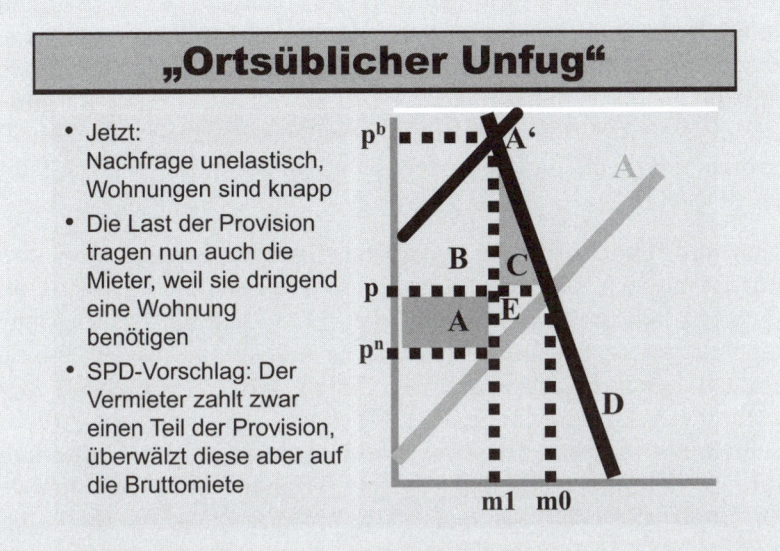

Eine Folie mit Modell und Erläuterungen. Man kann das Model aber auch noch größer machen, indem man auf die Kommentare verzichtet oder diese auf eine eigene Folie verschiebt.

Cut and Paste. Mittlerweile ist es technisch kein Problem mehr, Grafiken oder Dateien aus pdf-Dokumenten zu kopieren und in die eigene Präsentation einzufügen – der Fachjargon nennt das Cut and Paste, also ausschneiden und einsetzen. In den meisten Fällen sind Sie jedoch besser beraten, wenn Sie das lassen und sich die Mühe machen, die Grafik oder Tabelle noch einmal selbst zu erstellen. Das folgende Beispiel zeigt Ihnen warum: Die kopierte Grafik oder Tabelle (links) ist immer ein Fremdkörper in Ihrer Präsentation, man erkennt sofort, dass hier sich jemand Mühe gespart und die digitale Abkürzung genommen hat.

Group	Proportion Favoring (In Percent)		
	Mug Over Candy	Candy Over Mug	N
1. Give up mug to obtain candy	89	11	76
2. Give up candy to obtain mug	10	90	87
3. No initial entitlement	56	44	55

Gruppe	% bevorzugen	
	Kaffeekrug statt Schokoriegel	Schokoriegel statt Kaffeekrug
Krug gegen Schokoriegel tauschen	89	11
Schokoriegel gegen Kaffeekrug tauschen	10	90
Freie Auswahl	56	44

Zwei Folien, eine Aussage – welche Folie finden Sie besser?

Fertigen Sie die Grafik hingegen neu an, können Sie diese erstens auf den Stil Ihrer Präsentation zuschneiden, was selbige stimmiger und einheitlicher macht, und zweitens können Sie die Grafik oder Tabelle an Ihr Publikum anpassen (beispielsweise indem Sie Ihren Zuschauern die Mühe des Übersetzens abnehmen und die Schriftgrößen erhöhen). Tun Sie es. Bitte. Und ja, das muss sein. Die Mühe ist es wert.

Nun sind Tabellen leichter neu anzufertigen als Grafiken, aber auch das ist möglich, und so geht es: Zuerst kopieren Sie die Grafik aus dem pdf-Dokument und fügen diese in Ihr Präsentationsprogramm ein. Ziehen Sie die Grafik so groß wie möglich auf (indem Sie mit festgehaltener Maustaste an den Enden der Grafik ziehen). Jetzt kommt der entscheidende, zugegebenermaßen mühsame Arbeitsschritt: Sie zeichnen mit den Grafikinstrumenten Ihres Präsentationsprogramms (Linien, Bogen, Kurve, Freihandform) die Linien der Originalgrafik nach; Sie nutzen also die Originalgrafik als Vorlage und malen alle Striche dieser Grafik nach. Wenn Sie fertig sind, löschen Sie die Vorlage im Hintergrund. Damit haben Sie die Grafik repliziert – jetzt können Sie diese nach eigenen Vorstellungen layouten, eventuell sogar mit dynamischen Elementen versehen und passend zu Ihrem Vortrag gestalten. Die folgende Abbildung zeigt Ihnen ein Ergebnis dieser Mühen.

Optische Effekte. Nun leben Grafiken auch davon, dass man sie optisch ein wenig aufpeppt – es darf also ruhig mehr sein als eine Aufzählung von Listenpunkten. Eine Möglichkeit sind die sogenannten Cliparts, kleine, vorgefertigte Bildchen, die Ihnen zum Beispiel von Powerpoint zur Verfügung gestellt werden. Da kann man schon fündig werden, sollte aber Vorsicht walten lassen. Viele dieser Cliparts sind bereits in so vielen Präsentationen verwendet worden, dass sie zum Klischee geworden sind – beispielsweise das Strichmännchen, das sich am Kopf kratzt oder eine Idee hat, welche durch eine Lampe über seinem Kopf symbolisiert wird. Profis haben das schon Hundertmal gesehen – ersparen Sie sich und den Zuschauern Nummer 101.

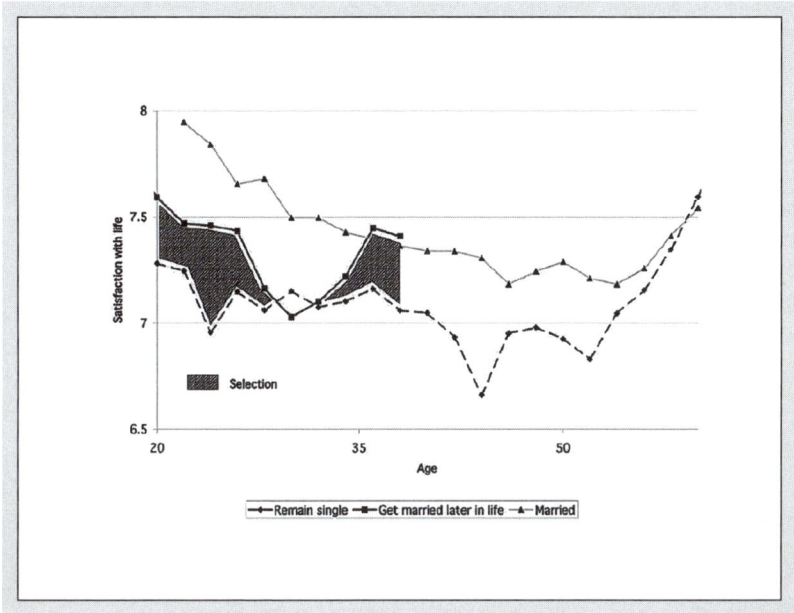

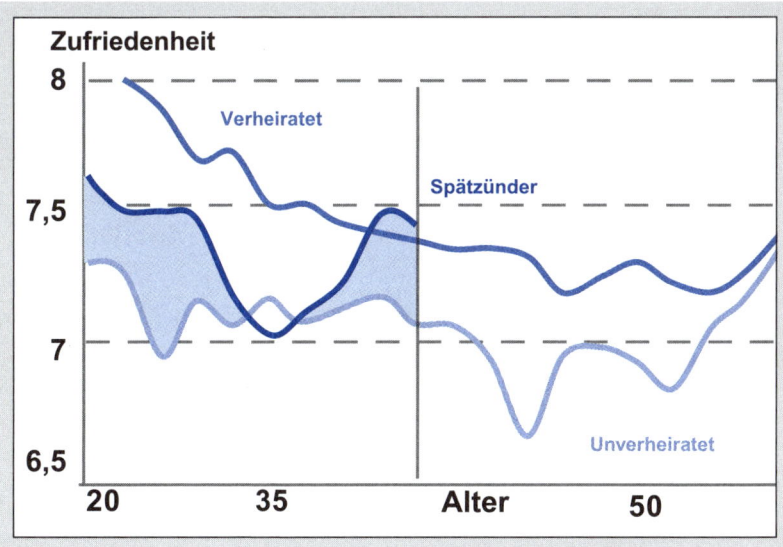

Und noch einmal: Zwei Folien, eine Aussage – welche finden Sie besser?

Eine weitere Option sind die in Powerpoint Smartart genannten Grafiken, mit denen man Prozesse oder Organisationsformen darstellen kann. Was natürlich immer geht, sind Bilder, aber auch hier gilt: Der

145

Effekt sollte nicht den Inhalt verdrängen. Also kein Tornado-Foto anbringen, wenn Sie eine Sommerbrise beschreiben möchten.

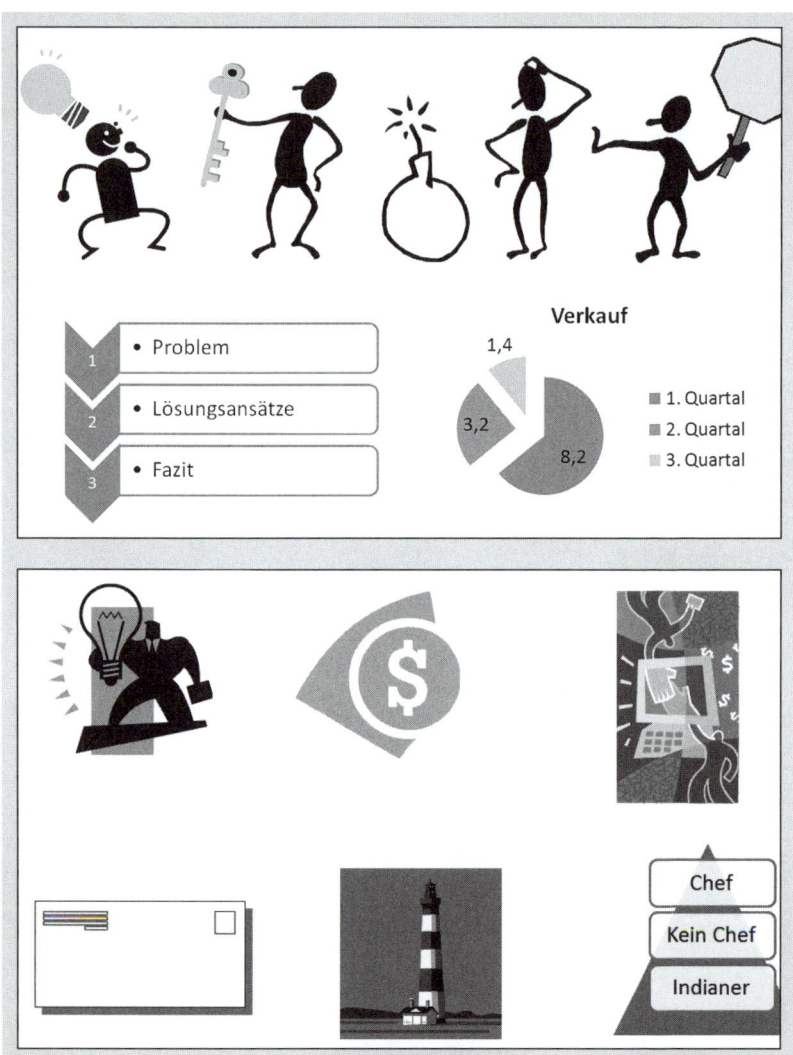

Cliparts, ein Kuchen und Smartart-Grafiken – welche würden Sie nutzen?

Sprungmarken. Oft, jedenfalls bei Powerpoint gibt es auch die interessante Möglichkeit, innerhalb der Folien zu springen, indem Sie unsichtbare Felder auf ein Bild oder einen Gliederungspunkt setzen.

(Sie finden diese in Powerpoint unter dem Menüpunkt „Einfügen / Formen / Interaktive Schaltflächen"). Diese Felder kann man mit einem Sprungbefehl zu anderen Folien (oder zu einer anderen Datei oder Internetseite) versehen, so dass Sie aus jeder Folie überall hingelangen können, ohne dass Sie aus der Präsentation herausgehen müssen. (Damit vermeiden Sie auch ein Problem, auf das wir gleich noch kommen.)

Powerpoint versieht die Felder zwar mit einem Design, das können Sie aber ändern (unter dem Programmpunkt „Form formatieren") und damit das Sprungfeld unsichtbar machen. Der Effekt: Starten Sie nun Ihre Präsentation, und haben Sie beispielsweise auf einer Folie ein solches unsichtbares Feld mit einem Sprungbefehl über eine Überschrift platziert, so können Sie nun mit dem Mauszeiger auf dieses Feld klicken und gelangen damit automatisch zum Ziel des Sprungbefehls. Sie können dann beispielsweise von jeder Folie standardmäßig durch einen Klick in eine Ecke (wo Sie eine weitere unsichtbare Sprungmarke gesetzt haben) zurück zur Gliederungsfolie gelangen oder aber auch durch einen Klick in eine andere Ecke auf der Gliederungsfolie zurück zur zuletzt angesehenen Folie (durch einen Hyperlink zur „zuletzt angesehenen Folie"). Sie bewegen sich mit Hilfe dieser Sprungmarken innerhalb Ihrer Präsentation, ohne dass Sie sich an die normale lineare Abfolge der Folien halten müssen. Aber aufgepasst: Man vergisst leicht, wo man welche unsichtbaren Sprungmarken gesetzt hat.

Alternativ zu diesen Sprungmarken können Sie auch über die Folienzahl eine bestimmte Folie direkt ansteuern, indem Sie während der Präsentation zuerst die Nummer der Folie eingeben und dann per Enter-Taste betätigen – dann springt Powerpoint auf die entsprechende Folie. Dazu müssen Sie zwar wissen, welche Folie welche Nummer hat, aber zumindest erleichtert das den Sprung zu anderen Folien. Wenn Sie also beispielsweise von Folie Nummer 40 zu einer der vorderen Folien springen wollen, dann geben Sie <4> und <ENTER> ein, dann gelangen Sie auf Folie Nummer vier, von der aus Sie sich dann zu der gewünschten Folie durchklicken können. Das ist immer noch schneller und augenschonender, als sich von Folie Nummer 40 nach vorne durchzuklicken, so dass das Publikum jede Folie von 40 bis 4 nochmal im Schnelldurchlauf bewundern darf.

Karikaturen. Natürlich können und sollen Sie auch auflockernde Karikaturen nutzen, aber eine Maxime gilt: Karikaturen (und lustige Bilder) erläutern Sie nie, Grafiken dagegen immer. Leider erlebt man häufig, wie ein Redner die Karikatur interpretiert und in sein Thema einordnet. Wenn Sie den Eindruck haben, dass das notwendig ist, damit Ihre Zuhörer eine Karikatur verstehen, dann lassen Sie diese besser ganz weg. Wenn etwas unterhaltsam sein soll, dann muss es das ohne zusätzliche Erläuterung sein.

Anders ist das bei Grafiken: Sie müssen jede Grafik erläutern, indem Sie diese zuerst erklären: Was sieht der Zuschauer, wie setzt sich die Grafik zusammen, wie muss man sie lesen? Erst dann interpretieren Sie die Grafik, beispielsweise anhand eines Punkt auf der Grafik („Dieser Punkt beispielsweise beschreibt ein Land, das in den vergangenen 20 Jahren seine Staatsausgaben um X Prozent gesteigert hat und dabei ein Wachstum von Y Prozent hatte"). Dann erläutern Sie die allgemeine Aussage der Grafik. Merkwürdigerweise erläutern viele Referenten oft ihre Karikaturen, aber nicht ihre Grafiken. Und wenn Sie die Grafik nicht erklären können – zurück auf Los, entweder versuchen Sie die Grafik zu verstehen oder Sie lassen diese weg.

Filme. Mittlerweile sind die digitalen Möglichkeiten nahezu unbegrenzt, so dass man auch Filme in seine Präsentation einbinden kann. Soll man das tun? Es kommt – wie so oft – darauf an. Der Film sollte nur unterstützend, illustrierend oder unterhaltend sein, er darf nicht den Redner ersetzen und sollte deswegen auch angemessen kurz sein. Zudem müssen Sie sich vorher vergewissern, dass die technischen Möglichkeiten vor Ort einen Film auch zulassen. Am problematischsten ist meistens die Tonspur – die Lautsprecher Ihres Rechners werden für die meisten Räume zu schwach sein, und viele Filme funktionieren nur mit Ton.

Wenig empfehlenswert ist es, den Film live aus dem Internet zu laden – zu leicht kommt es hier zu Verbindungsproblemen, der Film ruckelt dann oder bricht ganz ab. Das hinterlässt einen miesen Eindruck beim Publikum. Mittlerweile gibt es Software, mit der Sie Filme zum Beispiel aus Youtube herunterladen und auf der Festplatte speichern können. Damit stellen Sie sicher, dass es nicht zu Problemen bei der Internetverbindung kommt.

Das sollte als Crash-Kurs zu den Folien reichen. Wie sieht nun das Umfeld Ihres Vortrags aus?

V. Die Örtlichkeiten, das Publikum

Erkunden Sie die Räumlichkeiten. Nichts ist schlimmer als unangenehme Überraschungen, vor allem wenn sie zu einem ungünstigen Zeitpunkt kommen – beispielsweise kurz vor Beginn der Präsentation. Sie kommen in den für die Präsentation vorgesehenen Raum und stellen fest, dass die Anschlüsse zwischen Beamer und Rechner nicht kompatibel sind, dass ein Mikrophon fehlt, dass es zu hell ist – nur drei von vielen möglichen Katastrophen, von denen Sie nicht möchten, dass sie zwei Minuten vor Beginn der Präsentation eintreten.

Hier gibt es nur ein Gegenmittel: Erkundigen Sie die Räumlichkeiten vorher, versuchen Sie, alle möglichen Fehlerquellen auszuschließen (die untenstehende Liste hilft Ihnen dabei). Falls Sie die Erkundung nicht persönlich vornehmen können, telefonieren Sie mit dem zuständigen Menschen und gehen Sie mit ihm diese Liste durch – das minimiert das Risiko einer solchen Pleite.

Und: Senden Sie an den Verantwortlichen ein paar Tage vor dem Termin Ihre fertige Präsentation mit der Bitte zu überprüfen, ob diese in den dafür vorgesehenen Räumlichkeiten mit der vorgesehenen Technik einwandfrei läuft. Bitten Sie ihn, die Präsentation einmal ganz durchzuspielen – der Teufel steckt bisweilen im Detail. Schmerzhaft wird beispielsweise, wenn Sie eine auf einem Microsoft-Rechner erstellte Präsentation auf einem Apple abspielen möchten. Und seien Sie am Tag der Präsentation mindestens 20 Minuten vor Beginn vor Ort – das gibt noch einmal Zeit, um kurzfristig auftretende Pannen zu beheben.

Eine Checkliste für den Ort Ihres Vortrags

- ☐ *Ist ein Beamer vorhanden? Ist er kompatibel mit dem Rechner (Anschlüsse, Farbdarstellung)?*

- ☐ *Wie viele Stromanschlüsse gibt es und wo?*

- ☐ *Wie sieht es mit Mikrophonen aus? Handmikrofon, Ansteckmikrofon, Headset?*

- ☐ *Gibt es ein Stehpult? Eine Bühne? Haben Sie Blick auf den ganzen Saal?*

- ☐ *Haben Sie die fertige Datei vorab an den Veranstalter verschickt? Und eine Kopie an Ihre eigene E-Mail-Adresse? (Sicher ist sicher.) Und eine Kopie auf USB-Stick?*

☐ *Haben Sie Ihren eigenen Rechner mit der aufgespielten Präsentation als Rückversicherung dabei? Ist dessen Akku vollständig geladen?*

☐ *Haben Sie Ihre Präsentation auf dem Rechner und dem Beamer vor Ort einmal durchlaufen lassen? Funktionieren alle Folien und sind sie zum Rechner vor Ort kompatibel?*

☐ *Benötigen Sie eine Verdunkelung? Lautsprecher? Einen Internetanschluss? Ist das vorhanden?*

☐ *Haben Sie eine Fernbedienung, einen Laserpointer? Funktioniert sie, passt sie zum vorhandenen Rechner? Ist die Batterie aufgeladen?*

☐ *Haben Sie eine Uhr im Blick?*

☐ *Sind alle Reißverschlüsse geschlossen?*

Erkunden Sie das Publikum. Falls Sie Ihr Publikum nicht genau kennen, erfragen Sie beim Veranstalter, wer als Publikum zu erwarten ist – haben die Zuhörer gemeinsame Interessen, einen gemeinsamen Hintergrund? Haben sie Vorkenntnisse, Fachkenntnisse? Was erwarten die Zuhörer von Ihrem Vortrag? Was ist der Anlass der Veranstaltung, gibt es weitere Redner und was ist deren Thema? Mit den Antworten auf diese Fragen können Sie Ihren Vortrag optimal an den Gemeinsamkeiten der Zuhörer ausrichten. Wer nicht weiß, wer sein Publikum ist, kann es auch nicht begeistern.

Seien Sie spontan. Eine beeindruckende Präsentation erlebte der Verfasser dieses Buches in Stockholm, und das war so: Die Gruppe bestand aus rund 30 Menschen, die am Vorabend aus ganz Europa angereist waren und bereits den ganzen Tag Vorträge gehört hatte. Der erste Vortrag nach dem Mittagessen hatte dementsprechend einschläfernde Wirkung. Alle waren müde, satt und mit Informationen überfüttert, und der Referent tat sein Übriges, das Publikum in den Schlaf zu locken: Er spulte seinen Vortrag monoton nach Schema F ab. Sein Nachfolger, der den nächsten Vortrag halten sollte, war bereits anwesend, man konnte an seiner Stirn ablesen, dass ihm nicht gefiel, was er sah.

Als der Leiter der Veranstaltung ihn nach vorne zur Präsentation bat, tat er etwas ungewöhnliches: Mit lauter Stimme stürmte er zuerst zu den Fenstern und erklärte, dass man diese einmal öffnen sollte, damit frische Luft reinkommen – alleine diese Bewegung, diese Unruhe weckte die Teilnehmer aus ihrer Lethargie. Dann trat der Mann ans Rednerpult und erklärte, dass er eine Menge Folien vorbereitet habe, die er jetzt eigentlich abspulen wollte – aber so würde das doch keinen Sinn machen und sei langweilig (eine dramatische Wegwerfbewegung begleitete diese Aussage, mit der er ein paar Blätter Papier beiseitelegte). Also schlage er etwas anderes vor: Das Publikum möge ihn doch einfach zu seinem Fachgebiet alles fragen, was sie schon immer wissen wollten, das sei doch spannender als ein abgespulter Vortrag. Das schlug ein wie eine Bombe. Plötzlich waren alle wieder hellwach, stellten Fragen, diskutierten und folgten dem Redner (der natürlich im Rahmen der Fragestunde doch noch seine vorbereiteten Folien ans Publikum brachte) und waren wieder glockenwach.

Der Redner hatte sich sein Publikum angesehen, die Situation erfasst, die Befindlichkeiten seines Publikums analysiert und seine Vortragsstrategie spontan geändert – mit Erfolg. Genau so muss man es machen: Sich das Publikum, die Gegebenheiten anschauen, sich in die Lage des Publikums versetzen und überlegen, wie der Vortrag wohl ankommen könnte und was das Publikum stören könnte, und den Vortrag flexibel darauf ausrichten respektive ändern. Wenn Sie beispielsweise im Rahmen eines festen Zeitplans vortragen sollen, der sich aber bereits nach hinten verschoben hat, so überlegen Sie – in Rücksprache mit Ihrem Auftraggeber oder Vorgesetzten – ob Sie den Vortrag entsprechend kürzen, damit die Veranstaltung wieder im Zeitplan liegt. Das werden Ihnen alle im Publikum danken, die beispielsweise einen Zug oder einen Flug gebucht haben oder der Dozent, der auch einen festen Zeitplan für ein Seminar hat.

Im schlimmsten Fall wird man Sie zur Flexibilität zwingen: Sie haben eine Präsentation für 30 Minuten vorbereitet, doch Ihr Chef/ Professor kommt zu spät und beschließt, dass Ihr Vortrag nur fünf Minuten dauern darf. In einer solchen Situation müssen Sie in der Lage sein, Ihren Vortrag entsprechend zu kürzen. Niemand erwartet von Ihnen, dass Sie in diesem Fall alle Details darlegen können, aber die Kernbotschaft muss in fünf Minuten klar sein. Sie müssen dann blitzschnell entscheiden, welche Folien relevant sind und welche Sie überspringen.

Klar ist: Flexibilität ist aber nur möglich, wenn man sein Thema im Griff hat. Sie müssen in der Lage sein, zur Not auch ohne Folien weiter machen zu können (beispielsweise bei einem Zusammenbruch der Technik oder einem Stromausfall) und die Kernbotschaft in 60 Sekunden in die Gedächtnisse der Zuhörer zu meißeln. Wer seinen Vortrag zusammenplagiiert hat, wird allerspätestens in einer derartigen Situation scheitern.

Seien Sie emphatisch. Letztlich wird Ihnen der Vortrag nur dann gelingen, wenn Sie sich in die Lage des Publikums versetzen: Was erwartet es, was wünscht es, was befürchtet es, und was können Sie den Zuhörern inhaltlich zumuten? Wenn Sie einen Abendvortrag halten, sollten Sie unterhaltsam sein (wer will nach der Arbeit gelangweilt werden oder Formeln kauen?). Wenn Sie auf einer Fachkonferenz vortragen, erwartet man kurze, knappe Ergebnisse (die sich dann auch formal darstellen lassen). Wenn Sie in einem Unternehmen vortragen, erwartet man eine verwertbare Entscheidungsvorlage. Bedienen Sie die Wünsche Ihrer Zuhörer.

Nicht zuletzt hilft Einfühlungsvermögen Ihnen, die Schlacht zu gewinnen. Wenn Sie beispielsweise eine innerbetriebliche Umstrukturierung verkaufen müssen, sitzen Ihnen gegenüber viele Menschen, die Angst um Ihren Job haben, die unangenehme Veränderungen befürchten – sprechen Sie diese Ängste an, zeigen Sie, dass Sie Ihr Publikum verstehen. Wenn Sie solche Barrikaden zwischen Ihnen und dem Publikum nicht abbauen, werden Sie scheitern.

Für den Verfasser dieses Buches war ein Erlebnis auf einer Betriebsversammlung prägend, auf der Entlassungen erwartet wurden: Der Sprecher begann mit der Ankündigung, dass man ab sofort nicht mehr das Stammessen in der Kantine bezuschussen werde, bevor er zu den Entlassungen kam. Wie hätten Sie sich gefühlt? Ein guter Kollege wurde genau in diesem Moment von einem Headhunter, einem Personalvermittler angerufen – drei Monate später war er weg.

Respektieren Sie Ihr Publikum. Das mag zwar bisweilen unfair sein, aber letztlich hat das Publikum immer Recht – also richten Sie sich danach. Das bedeutet erstens, dass man nie einen Angriff auf jemanden im Publikum startet. Auch wenn jemand zum dritten Mal nach etwas fragt, das Sie schon viermal erklärt haben, bleiben Sie geduldig, höflich und freundlich – das Publikum mag es nicht, wenn einer der ihren angegangen wird. Und wenn selbst das Publikum den Störenfried als solchen empfindet – umso besser, dann wird man Sie für Ihre Geduld und Professionalität im Umgang mit solchen Menschen bewundern.

Eine Möglichkeit des Umgangs mit Störenfrieden besteht darin, sie zu vertrösten: Man könne das jetzt nicht im Detail klären, sondern gerne nach dem Vortrag zu zweit, das würde hier zu weit führen. Natürlich müssen Sie auch mit unfairen Angriffen rechnen („Sie haben ja keine Ahnung"). Hier gilt: Holen Sie die Debatte immer zurück auf die Sachebene („Was genau an meiner Argumentation stört Sie?"). Lassen Sie sich nicht auf öffentliche Scharmützel ein, das kann man nur verlieren. Der Verlierer ist immer derjenige, der unsachlich und emotional argumentiert. Mehr Tipps für den Umgang mit unfairen Angriffen finden Sie in dem vorzüglichen Buch von Thiele (2005).

Eine weitere gute Idee besteht darin, sich im Publikum Verbündete zu suchen: Menschen, an deren Reaktion Sie merken, dass sie Ihnen wohlgesonnen sind und Ihren Vortrag interessiert verfolgen. Diese Menschen kann man mit Blicken oder sogar direkt ansprechen, auch das baut die Distanz zwischen Ihnen und dem Publikum ab.

Bei Seminarvorträgen an der Hochschule beobachtet man oft den Effekt, dass die Referenten nur den Seminarleiter anschauen und alle Kommilitonen im Saal vernachlässigen – wie würde das Ihnen als Zuhörer gefallen? Eben. Versuchen Sie, das gesamte Publikum einzubinden, indem Sie Ihre Aufmerksamkeit quer durch den Saal streuen. Das können Sie auch verstärken, indem Sie den Saal in seiner ganzen Größe nutzen, mal auf- und abschreiten, vielleicht auch einmal gezielt die hinteren Reihen ansprechen („Können Sie mich auch da hinten gut verstehen?").

Drücken Sie zum Schluss nicht die Escape-Taste. Eine fast reflexartige Handlung vieler Referenten besteht darin, direkt nach dem Vortrag die Escape-Taste zu drücken und die Präsentation zu beenden. Auf dem Bildschirm erscheint nun der Bildschirm mit der Folie im Bearbeitungsmodus. Und, wie schaut das aus? Wie in der folgenden Abbildung.

Und? Finden Sie das schick? Also tun Sie das nicht, es ist eine absolut sinnfreie Handlung. Ihre Zuschauer sehen jetzt nämlich im Hintergrund statt der Abschlussfolie das geöffnete Programm und die Arbeitsumgebung Ihres Rechners – das sieht weder gut aus, noch ist es hilfreich. Niemand braucht den Blick in den Maschinenraum des Referenten.

Zwei Abschlussbildschirme – welchen bevorzugen Sie?

Schlimm daran ist, dass viele Referenten diesen Anblick während der gesamten, ihrem Vortrag folgenden Diskussion zulassen. Besser wäre es, einfach die Schlussfolie stehen zu lassen. Falls Sie das nicht möchten, drücken Sie zum Abschluss Ihrer Präsentation die Taste „B" – dann wird einfach der Bildschirm dunkel. Das ist immer noch besser als der Blick in die Eingeweide Ihrer Präsentation. (Wenn

Sie „W" drücken, wird der Bildschirm weiß.) Ganz professionell ist es, am Ende der Veranstaltung erst den Beamer auszuschalten und dann die Präsentation zu beenden – dann sieht der Zuschauer bis zum Ende des Vortrags nichts vom Programm, sondern nur die Folien. Und wenn Sie im Rahmen einer Veranstaltung nach einem anderen Redner sprechen, können Sie Vorsorge treffen, dass auch hier der Bildschirm nie so zu sehen ist wie auf der rechten Seite der obenstehenden Abbildung. Entweder, Sie kopieren alle Folien (Ihre und die des Vorredners) unter eine Datei und spielen dann die Datei ab (was aber oft wegen der Designs nicht möglich ist), oder aber Sie bringen Ihre Präsentation zum Laufen und schalten dann mit der Tastenkombination ALT-TAB um zur anderen Präsentation. Wenn diese fertig ist, drückt man auch hier nicht die Escape-Taste (was den unerwünschten Bildschirm erzeugen würde), sondern wechselt wieder mit ALT-TAB zu der eigenen, bereits laufenden Präsentation.

Am einfachsten ist es meist, kurz den Beamer abzuschalten, um die eigene Präsentation hochzufahren. Das ist wenig Aufwand, sieht aber einfach besser aus. Niemand im Publikum muss live mitverfolgen, wie Sie den Ordner „C:\Microsoft\Benutzer\Mausi" öffnen, um dort zwischen den Dateien „Einkaufsliste.doc" und „Schnuckelhase.pdf" Ihren Vortrag mit Doppelklick öffnen (der dann hoffentlich nicht „Vortrag für alte Knacker.ppt" heißt). Auch der Hintergrundbildschirm Ihres Rechners muss Ihr Publikum nicht interessieren. Da sieht man bisweilen lustige Motive.

Also: Organisieren Sie nicht nur Ihren Vortrag, sondern die Reihenfolge aller Vorträge, sorgen Sie für fließende Übergänge. Selbst bei großen, professionellen Veranstaltungen erlebt man es immer wieder, dass ein Redner angekündigt wird, der dann auf die Bühne eilt, dort aber erst einmal warten muss, weil ja erst sein Vortrag geladen werden muss, und das ganze Publikum bewundert dann einen Pressereferenten, der verzweifelt in den Verzeichnissen des Rechners den Gastvortrag sucht. Das muss wirklich nicht sein.

Heuern Sie einen Eisbrecher für die Diskussion an. Ein typisches Phänomen nach Vorträgen ist die Stille: Der Referent ist fertig, der Veranstalter dankt und stellt die entscheidende Frage – ob es denn Fragen gebe. Natürlich gibt es die, aber niemand traut sich, den Anfang zu machen. Um diese peinlichen Sekunden der Stille zu überbrücken, heuern Sie einen Eisbrecher an. Ein Eisbrecher ist eine prima Methode, die vor allem bei Podiumsdiskussionen zu empfehlen ist: Man setzt ein oder zwei Mitstreiter ins Publikum, die man bittet, zu

Beginn der Debatte eine Frage zu stellen – sofern sich keine anderen Zuhörer melden. Oft haben Zuschauer Hemmungen, die erste Frage zu stellen, hat das aber jemand gemacht – also das Eis gebrochen – kommen rasch weitere Fragen. Wenn im Publikum nach Ihrem Vortrag Stille und Verlegenheit herrscht, ist das kein Zeichen Ihrer Überzeugungskraft, sondern es fällt im Rückblick negativ auf Sie als Vortragenden zurück. Mit Hilfe eines Eisbrechers vermeiden Sie das. Einfach – aber effektiv.

VI. Finale: der Vortrag

Nachdem wir uns um die Rahmenbedingungen und die Folien gekümmert haben, müssen wir uns mit der Hauptsache des Vortrages auseinander setzen – dem Vortrag selbst. Die Inhalte und die Folien sind die Startbedingungen, jetzt geht es darum, beides so gut wie möglich zu verkaufen. Dabei sind vier Aspekte besonders relevant: die Sprache, die Körperhaltung, der Umgang mit dem Publikum und die Dramaturgie eines Vortrags. Fangen wir mit der Sprache an.

„Mahlzeit!" Das ist einfach: Alles, was wir für den schriftlichen Stil diskutiert haben, gilt auch für den mündlichen Vortrag. Kein Kanzleistil, keine Schachtelsätze, eine gerade, klare, verständliche Sprache macht den guten Redner. Versuchen Sie nicht, sich zu verbiegen, sprechen Sie so, wie Sie sind – das ist authentisch und glaubwürdig. Wer krampfhaft versucht, eine Sprache zu verwenden, die ihm nicht liegt, wird wenig überzeugend sein. Klar ist auch, dass Sie den Ton an Ihr Publikum anpassen: Die in Deutschland vielerorts übliche Begrüßung „Mahlzeit" ist nichts für einen offiziellen Empfang oder die Präsentation vor Vorgesetzten, aber ebenso wenig muss man mit der Miene eines Bestatters antreten. Wer offen und gut gelaunt auftritt, sammelt gleich zu Beginn Sympathiepunkte.

Wichtig ist nicht nur das Was der Sprache, sondern auch das Wie – arbeiten Sie mit Ihrer Stimme. Werden Sie mal lauter, mal leiser, mal flotter, mal verschleppter (beispielsweise indem Sie einzelne Worte wie „keinesfalls" langsamer sprechen und damit betonen: „kei-nes-falls"). Flechten Sie Pausen ein, in denen Sie quasi mit dem Publikum überlegen, was man nun von dem halten soll, was Sie eben vorgetragen haben, oder machen Sie Pausen nach Kernsätzen, oder betonen Sie diese, indem Sie die Worte einzeln aussprechen.

Kurzum: Arbeiten Sie mit Ihrer Stimme. Nichts anderes tun Sie ja auch in Diskussionen mit Freunden, und dennoch fällt es vielen

Menschen vor Publikum schwer, lebendig zu sprechen, sie verfallen in eine monotone, verschüchterte Sprache. Das zerstört jeden Vortrag. Ebenso müssen Sie es vermeiden, zu schnell zu sprechen, und ausreichend Sprechpausen einbauen (die aber nicht zu lange werden dürfen). Ihre Stimme ist ein Instrument, lernen Sie diese einzusetzen: Sie kann locken, schmeicheln, verführen, Ängste schaffen, Sorgen wecken – all das, was einen guten Vortrag auszeichnet. Natürlich wirkt das nur, wenn diese lebendige Sprache auch von einer entsprechenden Körperhaltung begleitet wird.

Bewahren Sie Haltung. Ebenso wichtig wie Ihre Sprache ist auch Ihre Körperhaltung und -sprache. Ein lebendiger Vortrag erfordert einen lebendigen Redner. Hier ein paar Regeln für gutes Auftreten:

- *Bewegen Sie sich.* Ein Vortrag gewinnt sofort, wenn der Redner ein wenig in Bewegung ist. Gut ist es beispielsweise, wenn man im Saal auf- und ablaufen kann. Das gibt Ihnen auch die Möglichkeit, den ganzen Saal mit Ihrem Blick einzufangen. Bewegen Sie sich über die ganze Bühne. Wichtig ist auch, dass Sie in der Mitte der Bühne Präsenz zeigen und sich nicht am Bühnenrand verstecken. Bisweilen findet man auch den Ratschlag, immer am gleichen Platz stehen zu bleiben – wem das einleuchtet, der soll das machen. Für einen lebendigen Vortrag sorgt das allerdings nicht (leider gibt es aber Gelegenheiten, zu denen sich das nicht vermeiden lässt). Sitzen geht jedoch gar nicht: Wenn Sie in einer Konferenz vortragen müssen, in der alle sitzen, suchen Sie irgendeinen Vorwand, um aufzustehen, beispielsweise um Handzettel verteilen. Danach setzen Sie sich einfach nicht mehr. Wichtig auch: Zu Beginn des Vortrags stehen Sie in der Mitte der Bühne (oder des Vortragspodiums) – das verschafft Ihnen die notwendige Präsenz. Wer seinen Vortrag verschüchtert links außen an der Fensterfront beginnt, überzeugt nicht.

- *Unterstreichen Sie Ihre Inhalte mit Gesten.* Nichts wirkt seltsamer als jemand, der redet, ohne seine Hände zu benutzen. Also: Hände aus den Taschen. Im Zweifelsfall nehmen Sie einen Stift (noch besser: die Fernbedienung) in die Hand, damit können Sie gestikulieren, zeigen oder in die Luft malen. Oder soll man Karteikarten nehmen? Gute Frage.

- *Verzichten Sie auf Karteikarten.* Karteikarten sind ein beliebtes Mittel, zum einen, um sich daran festzuhalten, zum anderen aber, um davon den Text abzulesen – und genau deswegen sollte man auf sie verzichten. Karteikarten verführen dazu, nicht frei zu reden, sondern von der Karte abzulesen. Das Resultat: Vor dem Publikum steht ein Mensch, der mit beiden Händen eine Kartei-karte umklammert, beständig auf diese herunterblickt (statt das Publikum anzublicken) und monoton vorgefertigte Texte herun-terleiert. Karteikarten sind nur erlaubt, wenn Sie kurz einzelne Details nachlesen wollen und Sie diese aktiv mit den Händen nutzen, also beispielsweise Sätze damit unterstreichen. Schauen Sie sich dazu Talk-Show-Moderatoren an, die machen das in der Regel recht gut.

- *Fernbedienung.* Nutzen Sie die Kraft der Technik und schalten Sie Ihre Folien per Fernbedienung um. Das verhindert, dass Sie bei jeder Folie zum Rechner eilen müssen oder in Versuchung geraten, den ganzen Vortrag über vor dem Rechner stehen zu bleiben. Die meisten Fernbedienungen haben zudem einen Laserpointer, den man nutzen kann, um einzelne Aspekte der Folie zu zeigen. Man-che Fernbedienungen haben zusätzlich einen Timer, auf dem Sie die Vortragszeit einstellen können. Ein perfektes Instrument für eine Präsentation. Aber eines tun Sie bitte nicht: Sie zeigen nicht mit der Fernbedienung auf die Leinwand oder den Rechner, wenn Sie die nächste Folie umschalten – das müssen Sie nicht, das sieht auch albern aus. Halten Sie die Fernbedienung ganz natürlich in der Hand und schalten unauffällig um, ohne sie wie ein Schwert zu schwenken.

- *Kein Blick in den Rechner.* Was immer Sie auch von Ihren Folien ab- oder nachlesen wollen, was immer Sie auch zeigen wollen – schauen Sie nicht auf den Bildschirm des Rechners, den Sie nutzen. Warum, ist klar: Ihr Publikum sieht den Bildschirm nicht, weswegen Sätze wie „Wie Sie hier sehen", begleitet durch einen Fingerzeig auf den Bildschirm, dämlich sind. Ganz schlimm sind Redner, die vor dem Bildschirm festgewachsen sind, ihren Vortrag mehr oder weniger komplett vom Bildschirm monoton ablesen und zu allem Überfluss keine Fernbedienung nutzen, sondern jede Folie per Hand an der Tastatur umschalten. Vorträgen dieser Form sollte man eigentlich den Saft abdrehen und sie vorzeitig beenden. Und das zu Recht. Der Blick geht ins Publikum, nicht in den Rechner, an die Decke oder auf den Boden. Suchen Sie Blickkontakt zu Ihrem Publikum, sprechen Sie gezielt einzelne Personen im Publikum an, das gibt Ihren Zuhörern das Gefühl, dass hier tatsächlich jemand mit ihnen spricht.

- *Nutzen Sie Ihre Folien als Spicker.* Vielleicht fragen Sie sich, wie Sie alle Inhalte des Vortrages im Kopf haben sollen – braucht man dafür nicht einen Spicker, einen Fahrplan durch den eigenen Vortrag, damit man nichts vergisst und die Reihenfolge behält? Richtig, und Sie haben diesen Spicker ja auch: Es sind Ihre Folien. Wie oben bereits erörtert haben Ihre Folien auch genau diesen Zweck. Sie vermerken sich auf den Folien Stichwörter, die ihnen verraten, wie es weiter geht. Natürlich kann auf den Folien nicht alles stehen, was Sie sagen wollen – das muss im Wesentlichen in Ihrem Kopf sein. Ein Vortrag ist keine Lesestunde. Haben Sie die Inhalte nicht im Kopf, sollten Sie Ihr Vorhaben noch einmal kritisch überprüfen.

- Aber es gibt noch eine wichtige Regel zu den Folien: *Drehen Sie Ihrem Publikum nicht den Rücken zu.* Sie machen das wie folgt: Stellen Sie sich seitlich zur Projektionsfläche, auf die Ihre Folien gezeigt werden, so dass Sie maximal im rechten Winkel zum Publikum und zur Leinwand stehen. Wenn Sie nun den nächsten Punkt auf Ihrer Folie ablesen wollen, drehen Sie sich nur leicht zur Leinwand (nur den Oberkörper, die Füße bleiben stehen), nehmen aber die Augen des Publikums mit Hilfe einer Geste mit zur Leinwand. Das wirkt dann so, als ob Sie den Zuschauern nur kurz zeigen, welcher Punkt nun als nächster kommt, und es fällt nicht auf, dass Sie selbst noch einmal den Inhalt der eigenen Folien lesen.

- *Keine lustigen Körperhaltungen.* Manche Körperhaltungen wirken auf das Publikum unfreiwillig komisch. Kontrollieren Sie sich testweise im Spiegel, oder besser: Bitten Sie einen Freund, Sie einmal bei einem Vortrag zu filmen. Das liefert mitunter ganz erstaunliche Erkenntnisse. Der untenstehende Kasten liefert eine kleine Pathologie lustiger Körperhaltungen, die man sich besser abgewöhnen sollte. Stehen Sie auf beiden Beinen, leicht auseinander gestellt, die Schultern leicht zurück genommen, die Hände mindestens auf Höhe des Gürtels (und nicht darunter), Ihre Gestik unterstreicht Ihre Worte. Falls Sie das Thema interessiert, finden Sie in dem Buch von Schmid-Egger und Krüll (2012) viele spannende Anregungen und Ideen zur Körpersprache.

- *Keine Macken und Sprachticks.* Eine schöne Macke einer Referentin, welche der Verfasser dieses Buches einmal erlebte, war das Wort „genau“: Nach jedem Absatz, nach jeder Folie, machte sie einen Moment Pause und sagte dann „genau“. Das wirkte auf die Zuhörer recht witzig, die bösartigen unter ihnen fingen an, Strichlisten zu führen. Jeder von uns hat kleine Macken im Sprachgebrauch: „ähs“, „genaus“, Räuspern, Kratzen, nervöses Streicheln der Hände oder Karteikarten – die Liste lässt sich beliebig erweitern. Halten

Sie einen Probevortrag vor Freunden und einer Kamera oder einem Mikrofon und analysieren Sie ihn anschließend. Wenn Sie bei sich einen Sprachtick erkennen, ist das schon der erste und wichtigste Schritt der Abgewöhnung.

- *Prost?* Nein, nicht Prost. Oft stellt Ihnen der Veranstalter etwas zu trinken hin – lassen Sie es während des Vortrages und auch während der Diskussion stehen. Das sieht einfach nicht gut aus, wenn ein Referent trinkt, während der ganze Saal zuschaut. Nach dem Vortrag ist dafür genug Zeit. Noch schlimmer ist es, wenn der Referent sich extra bücken muss, um das Glas zu erreichen und zu trinken (weil es auf einem niedrigen Tisch steht). Das wirkt unsouverän.

- *Kleider machen Leute.* Eigentlich ist es selbstverständlich, aber der Vollständigkeit halber: Passen Sie Ihre Garderobe dem Anlass an. Wenn Sie vor dem Vorstand vortragen, ist Schlabber-Look unangebracht. Wenn Sie ein Impulsreferat unter Kollegen halten, können Sie so bleiben wie die Kollegen Sie kennen. Grundsätzlich gilt: Sie sollten so festlich oder nicht festlich gekleidet sein wie Ihr Publikum, im Zweifelsfalls lieber etwas besser gekleidet. Was im Einzelnen geht und was nicht (etwa Comic-Krawatten oder weiße Tennissocken auf schwarzen Hochwasserhosen) entnehmen Sie einem Stilberater oder erfragen Sie in Ihrem Bekanntenkreis. Wer auf der Hochschule im Seminar vorträgt, kommt in der Regel in Alltagskleidung. Manche Studenten halten Ihre Präsentationen auch im Anzug oder kleinen Schwarzen – das ist eine gute Übung, denn auch an das Tragen eines Anzugs während eines Vortrags muss man sich gewöhnen, und ein Seminar bietet dafür eine gute Gelegenheit.

Lustige Körpersprache: eine kleine Pathologie

Wer viele Präsentationen als Zuschauer gesehen hat, dem werden viele Körperhaltungen in dieser kleinen Pathologie bekannt vorkommen: **Der Flamingo.** *Flamingos stehen oft auf einem Bein, was bei ihnen recht elegant aussieht. Bei Menschen tut es das weniger, vor allem, wenn sie nicht auf einem Bein stehen, sondern die Beine in- oder umeinanderschlingen, so dass es nur so wirkt, als ob sie auf einem Bein stehen würden. Also: Nicht die Beine kreuzen oder die Füßen aufeinander stellen – das sieht nur bei kleinen Kindern niedlich aus.* **Die Gottesanbeterin.** *Zugegeben, am Anfang ist es schwierig, mit seinen Händen etwas Vernünftiges zu machen, aber eines machen Sie bitte nicht: Ihre Hände wie zum Gebet vor dem Bauch zusammenfal-*

ten. In der Kirche ist das angebracht, nicht auf einem Vortrag. Als Varianten der Gottesanbeterin kennen wir noch **die Olivenschale** *(eine offene Hand wird in die andere Handfläche gelegt, so dass das wirkt wie eine Schale) und* **die Merkel-Raute** *(selbsterklärend). Dann wäre da noch der* Hosentaschenpirat, *der seine Hände nicht aus den Taschen nimmt und damit Gelassenheit betonen will (oder ist es Desinteresse?). Davon scharf abzugrenzen ist* **der Cowboy,** *der so breitbeinig dasteht, als ob er gerade vom Pferd gestiegen wäre. Ebenfalls unpassend ist* **der Bedenkenträger,** *der seine Hände hinter dem Rücken verschränkt, was ihn weltmännisch-weise erscheinen lassen soll, zumeist aber eher behäbig-professoral und schulmeisterlich wirkt (und oft auch als Unsicherheit interpretiert wird) und* **der Schwächling,** *der sich überall anlehnen muss (weil er zu schwach ist oder von seinem eigenen Vortrag müde wird).* **Der Sitzenbleiber.** *Es soll Berufungsverfahren gegeben haben, in denen die Vortragenden sitzen geblieben sind – da braucht man sich nicht zu wundern, wenn das Jobangebot ausbleibt.*

Reaktion des Publikums. Sie müssen während des Vortrags auch stets das Publikum im Auge behalten – wie verhält es sich? Wenn bei einer Bemerkung Unruhe im Saal entsteht, sollten Sie sofort nachhaken und auf die Reaktionen des Publikums eingehen („war daran etwas unklar?", „Ich weiß, das klingt merkwürdig, ich werde es gleich näher erläutern"). Manchmal kann man an bestimmten Stellen des Vortrags förmlich spüren, dass das Publikum unruhig wird, weil es beispielsweise etwas nicht versteht – gehen Sie ruhig auf diese Unruhe ein.

Bisweilen ist es auch ganz hilfreich, gezielt einzelne Personen im Publikum anzusprechen, bei denen offensichtlich ist, dass gerade etwas schief läuft („Haben Sie eine Frage?"). Behandeln Sie Ihr Publikum nicht wie eine Wand, gegen die Sie sprechen – es wird es Ihnen danken.

Mehrere Medien? Manche Profis raten dazu, einen sogenannten Medienwechsel in den Vortrag einzubauen, also nicht nur den Beamer und Powerpoint, sondern auch eine Tafel oder einen Flipchart einzusetzen. Was ist davon zu halten? Grundsätzlich ist das nicht verkehrt, wenn man es richtig einsetzt. Verwenden Sie die Tafel oder den Flipchart also nur dort, wo es sinnvoll ist.

Oftmals aber wird der Medienwechsel nur um des Medienwechsels willen gemacht, beispielsweise, wenn die Gliederung am Flipchart entworfen wird und der Rest auf den Folien steht. Welchen Sinn hat dann der Flipchart, zumal er zumeist schlecht leserlich ist und den Referenten Zeit kostet? Ein Argument für dieses Vorgehen besteht darin, dass der Zuhörer dann im weiteren Verlauf immer auf dem Flipchart die Gliederung des Vortrages vor Augen hat. Dieses Argument ist nicht ganz schlüssig: Erstens sollte der Zuhörer bei einem gut strukturierten Vortrag immer wissen, wo er sich gerade befindet, zweitens sollte der Redner bei jedem neuen Punkt betonen, an welcher Stelle der Gliederung man sich befindet („So, wir haben nun gesehen, was das Problem ist – kommen wir nun zur Lösung") und drittens können Sie die Gliederung, wie bereits vorgeschlagen, auch auf einer Laufleiste auf Ihren Folien platzieren.

Also: Wechseln Sie die Medien nicht ohne Grund, sondern nur dann, wenn es sich wirklich anbietet. Gute Referenten beispielsweise nutzen die Tafel spontan, um einen bestimmten Aspekt auf der Tafel noch einmal zu entwickeln (auch diese Spontanität kann man planen) oder eine Skizze nochmals zu verdeutlichen oder zu variieren.

„Geht es Ihnen gut?". Wie sehen nun Begrüßung und Einstieg zu einem Vortrag aus? Am Anfang jeder (!) Präsentation steht zuerst die Begrüßung des Publikums, dann nennen Sie Ihren Namen (Sie glauben gar nicht, wie oft Referenten das vergessen), Ihre Funktion, danken möglichen Helfern und Mittätern (beispielsweise auch dem Veranstalter), begrüßen eventuell noch einzelne, besonders wichtige Personen und erläutern kurz und knapp das Ziel Ihres Vortrags. Gegebenenfalls fragen Sie das Publikum nach seinen Befindlichkeiten – ist man gut zu verstehen, hat jeder trotz des Verkehrs stressfrei hierher gefunden und die Veranstaltung bisher genossen? Damit lockern Sie die Stimmung etwas auf, und schaden kann das nicht.

„Warum soll ich mir das anhören?". Nach der Begrüßung geht es darum, das Interesse der Zuschauer für den Vortrag zu wecken. Wie kann man das machen? Hier gibt es mehrere Möglichkeiten:

Der richtige Einstieg: So wecken Sie Interesse

- Persönliche Betroffenheit. *Machen Sie den Zuhörern klar, dass das Thema in ihrem ureigenen Interesse liegt, dass es um ihren Geldbeutel, ihre Rente, ihre Familie geht, dass Ihr Thema die Sorgen Ihrer Zuhörer anspricht und ihnen Dinge erklären kann, die sie schon immer wissen wollten. Persönliche Betroffenheit erzeugt immer Aufmerksamkeit – man muss sie nur wecken. Das Euro-Thema*

*beispielsweise kann man damit motivieren, wie viel Geld im Feuer
steht, und was das für den Geldbeutel jedes Staatsbürgers bedeutet.*

■ Anekdotisch und anschaulich. *Starten Sie mit einer Anekdote, einer
Geschichte, die Ihr Thema illustriert. Das Euro-Thema kann man
dann beispielsweise mit einer der zahlreichen Anekdoten beginnen,
die erzählen, was in Griechenland so alles schief gelaufen ist („Wuss-
ten Sie, dass die griechischen Beamten Boni für das pünktliche
Erscheinen am Arbeitsplatz bekamen?"). Sie können Ihr Vortrags-
thema auch aus einer persönlichen Alltagsanekdote entwickeln („als
ich heute Morgen hier her fahren wollte, musste ich tanken, dabei
stellte ich fest ..."). Profis entwickeln den Einstieg bisweilen auch
spontan aus den Bemerkungen ihrer Vorredner („Herr Beck hat uns
eben erklärt, warum Professoren unterbezahlt sind – ich denke, ich
kann ihm erklären, warum ihn mehr Gehalt nicht glücklicher machen
würde, genau darum geht es in meinem Vortrag").*

■ Nachrichtlich. *Nutzen Sie einen aktuellen Aufhänger: „Wie Sie sicher gehört haben, wird derzeit über die nächste Auszahlungstranche
für Griechenland diskutiert – wie konnte es so weit kommen?"*

■ Laut. *Starten Sie mit einer steilen These: „Griechenland muss den
Euro verlassen, wenn es eine Chance haben will". Das rüttelt wach,
weckt im Zweifelsfall auch Lust auf den Widerspruch, weswegen
der Zuhörer im Folgenden genauer hinhört. Im Laufe des Vortrags
kann man seine mutige Eingangsthese dann wieder etwas einfangen
und qualifizieren. Oder Sie werfen Ihre Eingangsthese als Frage in
den Raum: „Muss Griechenland den Euro verlassen?". Eine solche
Frage erzeugt den Wunsch nach einer Auflösung. Je provokanter
die These, desto lebendiger wird vermutlich auch die Debatte – aber
Vorsicht, übertreiben Sie es nicht um der Effekthascherei willen.*

■ Staunend. *Eine weitere Variante besteht darin, an den Anfang
einen Sachverhalt zu stellen, der auf den ersten Blick rätselhaft,
unverständlich scheint – und dann die Auflösung dieses Rätsels
im Rahmen des Vortrags in Aussicht zu stellen. Vergessen Sie aber
nicht, das Rätsel aufzulösen. Wenn Sie damit auch wieder enden,
ist Ihr Vortrag rund – Sie enden dort, wo Sie begonnen haben.*

■ Lustig. *Eine freundlichere Variante besteht darin, mit einem Witz,
einer lustigen Begebenheit zu starten. Lachen lockert die Stimmung
immer auf und signalisiert dem Zuhörer, dass es nicht ganz so
trocken werden wird. Aber auch hier gilt: Das ist nicht zu allen
Anlässen eine gute Idee.*

Grundsätzlich ist es nie verkehrt, den Vortrag mit einem Knaller zu beginnen, mit einem Einstieg, der das Publikum sofort aufhorchen lässt. Das kann ein Witz sein, ein Zitat, eine beeindruckende Zahl („1,7 Billionen Euro. Das sind 1700 Milliarden Euro. So viel kostet uns Deutsche die Krise, wenn es schief geht"). Auch ein bemerkenswertes Bild kann funktionieren (vielleicht so etwas wie die folgende Abbildung) – irgendetwas, was die Aufmerksamkeit der Zuhörer fesselt.

Eine Eröffnungsfolie, die Aufmerksamkeit sichert

Wenn Sie mit Ihrer Präsentation etwas geschäftlich verkaufen wollen, einen Auftrag gewinnen wollen, müssen Sie sich dazu etwas Besonderes, eine Geschichte einfallen lassen – wer nur sein Angebot macht und Zahlen herunter betet, wird wenig Erfolg haben.

Verkaufspräsentationen als gute Geschichten

Gute Verkäufer wickeln ihr Angebot stets in eine gute Geschichte ein, die sich wie eine Erkennungsmelodie wiederholt. Die Geschichte bildet sozusagen die Klammer um das Angebot – man startet mit ihr, geht über zum Angebot, das man in den Rahmen dieser Geschichte einbettet, und beschließt die Präsentation auch wieder mit dieser Geschichte. Profis raten dazu, nicht mehr als drei Hauptpunkte zu präsentieren, die man mehrmals wiederholt – mehr bleibt in der Regel nicht bei den Zuhörern hängen. Überfrachtete Präsentationen führen eben so wenig zum Ziel wie Präsentationen, die an der Situation der potentiellen Kunden vorbei gehen.

Von manchen Vorträgen behält der Zuschauer auf Dauer nichts bis wenig, aber der Anfang und das Ende – das bleibt oft haften. Also gestalten Sie beide dementsprechend. Das folgende Beispiel liefert Ihnen eine psychologische Begründung dazu.

Mehr Schmerz ist besser als weniger Schmerz

Bisweilen sind Forscher ganz schön gemein: Mit Forscherkollegen quälte der Nobelpreisträger Daniel Kahneman Versuchspersonen, indem er sie nötigte, eine Hand 60 Sekunden in 14 Grad kaltes Wasser zu halten (Kahneman et al. 1993). Das war ganz schön unangenehm, wie die Versuchspersonen später zu Protokoll gaben. Eine andere Gruppe von Versuchspersonen erwischte es sogar noch schlimmer: Sie mussten Ihre Hand ebenfalls 60 Sekunden in das kalte Wasser halten, doch nach 60 Sekunden war nicht Schluss, es kamen weitere 30 Sekunden dazu. Allerdings erhöhten die Forscher die Temperatur des Wassers in diesen verbleibenden 30 Sekunden langsam, so dass der Schmerz langsam nachließ. Befragte man die Versuchspersonen nun danach, wie unangenehm das war, so gaben diese zwar auch an, dass das unangenehm war – aber nicht so unangenehm wie für die Versuchspersonen der ersten Gruppe (die nur 60 Sekunden ertragen mussten). Warum? Die Forscher vermuten, dass nicht die Länge des Schmerzes entscheidend ist, sondern die schlimmsten Schmerzen sowie die Schmerzen am Ende des Versuchs. Will heißen: Unser Gehirn merkt sich die Höhepunkte und den Schluss. Übertragen Sie dieses Ergebnis auf Ihren Vortrag, dann sagt es Ihnen zweierlei: Vermeiden Sie jeglichen Tiefpunkt und sorgen Sie dafür, dass Anfang und Ende in bleibender (positiver) Erinnerung bleiben.

Was für den Beginn der Präsentation gilt, gilt natürlich auch für den Schluss – wenn Sie mit einem Knaller enden, bleibt auch das hängen. Zudem macht dieser Knaller klar, dass jetzt Schluss ist. Oft kommen Referenten ganz beiläufig zum Ende, so dass der Saal es kaum merkt: Ohne Schlusssatz, ohne gescheiten Ausstieg, und die (selbstverständliche) Folie, auf der man sich für die Aufmerksamkeit des Publikums bedankt, schleicht eher zufällig ins Bild. Dann entsteht ein Moment peinlicher Stille, bevor das Publikum realisiert, dass der Vortrag nun vorbei ist und man nun applaudieren darf. Peinlich, peinlich.

Machen Sie es wie im Zirkus – erst ein gelungener Abgang krönt die Übung. Auch hier können Sie mit Zitaten, Witzen, kraftvollen Prognosen punkten. Geschickt ist es auch, wieder auf den Anfang des Vortrages zurück zu kommen: „1,7 Billionen Euro, 1700 Milliarden Euro – hoffen wir, dass uns diese Katastrophe erspart bleibt". Zahlen wie diese können Sie übrigens noch fühlbarer machen, indem Sie sie in Autos, Kindergärten oder Kampfdrohnen umrechnen. Das schließt den Kreis, macht deutlich, dass nun Schluss ist und weckt den Eindruck einer geschlossenen, runden Präsentation.

Einwände aus dem Publikum und Diskussion. Bei vielen Vorträgen ist eine anschließende Diskussion vorgesehen. Legen Sie die Spielregeln bereits zu Beginn des Vortrages fest, beispielsweise, indem Sie mit dem Publikum vereinbaren, dass während des Vortrags nur Verständnisfragen gestellt werden und Kommentare und Debatten an den Schluss verlagert werden. Lassen Sie Kommentare oder Einwände bereits während des Vortrages zu, riskieren Sie, dass Ihr Vortrag auseinanderfällt, weil die Diskussion aus dem Ruder läuft. Auf eine Diskussion während des Vortrags können Sie sich nur dann einlassen, wenn Sie sich auch in der Lage fühlen, die Diskussion schnell und energisch zu unterbinden und wieder zum Vortrag zurück zu kehren („Bevor wir diese Diskussion weiter vertiefen, lassen Sie uns die restlichen Argumente anhören").

Störer. Damit müssen Sie auch rechnen: Störer aus dem Publikum, die ihre eigene Agenda haben, ihr eigenes Thema vortragen wollen, den Referenten abwatschen wollen, emotional sind und deswegen an die Decke gehen oder einfach nur ihrem Geltungsbedürfnis Luft verschaffen wollen. Solange sich deren Beiträge sowohl zeitlich im Rahmen halten als auch die allgemeinen Umgangsformen nicht verletzen, lässt man sie einfach gewähren, kommentiert das Ganze nichtssagend („Ein interessanter Punkt, den man bei Gelegenheit vertiefen sollte") und kehrt zurück zum Thema.

Schwieriger wird das, wenn die Störer auf einer Diskussion bestehen und drohen, die Veranstaltung zu sprengen. Bei allem, was Sie tun, gilt immer die Grundmaxime: Seien Sie höflich. Man beleidigt sein Publikum nie. Fallen Sie nie aus der Form, bewahren Sie Ruhe (so schwer es auch fällt) und bleiben Sie gelassen. Das Publikum merkt recht schnell, welcher Art der Störer ist und wird sich rasch auf die Seite des Referenten schlagen – je gelassener Sie bleiben, umso mehr wird es Sie für selbige Gelassenheit bewundern. Man verweist den Störer höflich, aber bestimmt auf die Plätze, indem man ihm erklärt, dass sein Thema nicht Gegenstand der Veranstaltung sei, dass auch noch andere Zuhörer Fragen stellen wollen, dass man diesen Punkt in Anbetracht der Zeit nun nicht weiter vertiefen könne oder dass man ihm gerne seine Meinung lasse, man könne sich als Referent nur auf die Fakten stützen, die man vorgetragen habe und die jeder für sich sprechen lassen müsse. Ein Klassiker unter den Störenfrieden ist derjenige, der vorgibt, eine Frage zu stellen, dann aber nur seine eigene Sicht der Dinge darlegt – und das auch noch ausufernd und nervenzerreißend. Hier dürfen Sie schon dazwischen gehen, indem Sie den Störenfried freundlich bitten, zu seiner Frage zu kommen („Bitte, was genau ist jetzt Ihre Frage").

Wie gesagt: Bleiben Sie dabei immer immer immer höflich. Niemand möchte von einem Referenten öffentlich blamiert werden, deswegen sieht man es als Zuschauer auch nicht gerne, wenn andere Zuhörer bloß gestellt werden, das nimmt man dem Referenten rasch übel. Die einzigen Störer, die man nicht einmal höflich zurechtweisen darf, sind Chefs oder Professoren, also Ranghöhere, für die man den Vortrag hält. Hier hilft nur der höfliche Verweis auf die drängende Zeit, ein interessanter Einwurf, aber ob man denn nicht erst fortfahren wolle? Ein diplomatischer Eiertanz.

Zeitvorgaben. Zum Thema Zeitvorgaben gibt es nicht viel zu sagen, außer: Halten Sie sich daran. Ausreden gibt es keine. Ihr Publikum hat Zeitpläne, Ihr Veranstalter auch – es ist unhöflich, deren Terminplanung durcheinander zu bringen. Testen Sie die Länge Ihres Vortrages zu Hause, planen Sie dabei mindestens fünf Minuten Verzögerung ein. Je länger der Vortrag ist, mit umso mehr Verzögerung müssen Sie rechnen. Und wenn der Veranstalter den Zeitrahmen kürzt, dann passen Sie sich an.

Ein Tipp: Wenn Sie der letzte Redner sind, und Ihr Vortrag ist zum Beispiel bis 17 Uhr angesetzt, dann machen Sie schon um 16.55 Uhr Schluss. Das verhindert, dass die Zuhörer bei Ihrem Finale bereits mit den Füßen scharren, die Sachen zusammenpacken (beispielsweise um den Zug oder das Flugzeug zu erreichen) und Ihr Schlussplädoyer in der allgemeinen Aufbruchsstimmung untergeht. Außerdem dankt Ihr Publikum es Ihnen, wenn es fünf Minuten früher entlassen wird – sprechen Sie diese Maßnahme aber mit dem Veranstalter ab.

Fehler. Sie dürfen Fehler ruhig eingestehen, verwenden Sie dazu Formulierungen wie „Moment, jetzt hab ich grade den Faden verloren". Sie dürfen auch Sätze abbrechen, wenn Sie merken, dass Sie sich verrannt haben („Das ist so unglücklich formuliert, ich fang noch einmal an"). Man darf, kann und soll zu seinen Fehlern stehen, das macht im Zweifelsfall sympathisch.

Aber ein paar Fehler dürfen nicht sein: „Die Schrift dieser Folie ist leider zu klein" geht eben so wenig wie „Ich hatte leider keine Zeit, mich darauf vorzubereiten" oder „Vorträge sind nicht meine Stärke". Sie dürfen auch auf Fragen, die Sie nicht beantworten können, zugeben, dass Sie das erst einmal nachschlagen müssten – man kann nicht alles wissen. Sie müssen nicht perfekt wirken, niemand ist das. Fehler zu machen ist menschlich. Vertuschungsversuche wirken meistens peinlich, es sei denn, die Fehler sind peinlich, und peinlich sind nur Fehler, die aus einer mangelnden Vorbereitung resultieren. Das lässt sich vermeiden.

Manöverkritik. Das Leben erteilt einem immer wieder neue Lehrstunden – nutzen Sie diese, indem Sie nach Ihrem Vortrag die Manöverkritik suchen. Zuerst einmal können Sie sich selbst kritisch fragen, was gut gelaufen ist und was nicht. Wenn Sie ehrlich zu sich sind, erkennen Sie dabei schon eine ganze Menge Fehler. Hilfreich ist es auch, Verbündete im Publikum zu haben, die eine ungeschminkte Rückmeldung geben. Und nicht zuletzt: Bitten Sie Ihren Professor oder Vorgesetzten um eine ehrliche, detaillierte Rückmeldung. Wichtig dabei ist aber, dass Sie die Manöverkritik nicht als eine Veranstaltung begreifen, auf der Sie sich rechtfertigen müssen, sondern als eine Hilfe, eigene Fehler zu erkennen, damit diese das nächste Mal nicht mehr vorkommen. Nichts ist wertvoller als ehrliche, konstruktive Kritik.

Literatur

Allgemeine und kommentierte Literaturhinweise:

Wer mehr über wissenschaftliches Arbeiten wissen will, ist mit dem fast enzyklopädischen Werk von Theisen sehr gut bedient:

Theisen, Manuel René (2013), Wissenschaftliches Arbeiten, 16. Aufl., Verlag Franz Vahlen, München.

Ergänzend dazu ist auf das Buch von Plümper hilfreich:

Plümper, Thomas (2008), Effizient schreiben: Leitfaden zum Verfassen von Qualifizierungsarbeiten und wissenschaftlichen Texten, 2. Aufl., Oldenbourg Verlag, München.

Allgemein zur Organisation des Studiums und Studienmethodik empfiehlt sich:

Koeder, Kurt-Wolfgang (2012), Studienmethodik: Selbstmanagement für Studienanfänger, 5. Aufl., Verlag Franz Vahlen, München.

Lewandowski, Dirk (2011), Handbuch Internet-Suchmaschinen 2: Neue Entwicklungen in der Web-Suche, Akademische Verlagsgesellschaft, Heidelberg.

Sandberg, Berit (2012), Wissenschaftliches Arbeiten von Abbildung bis Zitat. Lehr- und Übungsbuch für Bachelor, Master und Promotion, Oldenbourg Verlag München.

In diesem Buch zitierte Literatur:

Akerlof, George A. (1970), The Market for „Lemons", Quarterly Journal of Economics, Jg. 84, Heft 3, S. 488–500.

American Psychological Association (2010), The Publication Manual of the American Psychological Association, 6. Aufl., American Psychological Association, Washington, DC.

Becher, Johannes; Becher, Viktor (2011), Gegen ein Anti-Wikipedia-Dogma an Hochschulen. Warum Wikipedia-Zitate nicht pauschal verboten werden sollten, Forschung & Lehre, Jg. 20, Heft 2, S. 116 – 118, URL: http://www2.uni-erfurt.de/sport/seiten/downloads/wikipedia_fo-le0001.pdf (Zugriff: 31.10.2013).

Becker, Gary S. (1968), Crime and punishment: An economic approach, Journal of Political Economy, Jg. 76, Heft 2, S. 169–217.

Bextermöller, Matthias (2006), Über das Geschäft schreiben: Mit Ausdruckskraft zu überzeugenden Geschäftsberichten, Verlag Peter Ewers, Paderborn.

Buehler, Roger; Griffin, Dale; Peetz, Johanna (2010), The planning fallacy: Cognitive, motivational, and social origins, Advances in Experimental Social Psychology, Jg. 43, S. 1–62.

Buehler, Roger; Griffin, Dale; Ross, Michael (1994), Exploring the „planning fallacy": Why people underestimate their task completion times, Journal of Personality and Social Psychology, Jg. 67, Heft 3, S. 366–381.

Dirscherl, Hans-Christian (2006), Siemens-Mitarbeiter manipulieren Wikipedia-Eintrag, PC Welt vom 29.05.2006, URL: http://www.pcwelt.de/news/Siemens-Mitarbeiter-manipulieren-Wikipedia-Eintrag-22081.html (Zugriff 31.10.2013).

Ehrlich, Isaac (1973), Participation in illegitimate activities: a theoretical and empirical investigation, Journal of Political Economy, Jg. 81, Heft 3, S. 521–565.

Filmförderungsanstalt (2012), Struktur der Kinosäle in der Bundesrepublik Deutschland 2003 bis 2011, Berlin.

Fraas, Claudia; Pentzold, Christian (2008), Online-Diskurse: Theoretische Prämissen, methodische Anforderungen und analytische Befunde, in: Warnke, Ingo H.; Spitzmüller, Jürgen (Hrsg.): Methoden der Diskurslinguistik: Sprachwissenschaftliche Zugänge zur transtextuellen Ebene, De Gruyter, Berlin/New York, S. 291–326.

Greenstein, Shane; Zhu, Feng (2012), Is Wikipedia biased?, American Economic Association: Papers & Proceedings, Jg. 102, Heft 3, S. 343–348.

GuttenplagWiki (2012), Plagiatskategorien, URL: http://de.guttenplag.wikia.com/wiki/PlagiatsKategorien (Zugriff 31.10.2013).

Holman Rector, Lucy (2008), Comparison of Wikipedia and other encyclopedias for accuracy, breadth, and depth in historical articles, Reference Services Review, Jg. 36, Heft 1, S. 7–22.

Kahneman, Daniel; Frederickson, Barabara; Schreiber, Charles A.; Redelmeier, Donald A. (1993), When more pain is preferred to less: Adding a better end, Psychological Science, Jg. 4, Heft 6, S. 401–405.

Lee, Daniel; Holoviak, Stephen (2006), Unemployment and crime: an empirical investigation, Applied Economics Letters, Jg. 13, Heft 12, S.805–810.

Levin, I.P.; Gaeth, G.J. (1988), How consumers are framed by the attributes of attribute information before and after consuming the product, Journal of Consumer Research, Jg. 15, Heft 3, S. 374–378.

Lord, Charles G.; Ross, Lee; Lepper, Mark R. (1979), Biased assimilation and attitude polarization: The effects of prior theories on subsequently considered evidence, Journal of Personality and Social Psychology, Jg. 37, Heft 11, S. 2098–2109.

Lorenz, Maren (2011), Der Trend zum Wikipedia-Beleg: Warum Wikipedia wissenschaftlich nicht zitierfähig ist, Forschung & Lehre, 3. März 2011, URL: http://www.forschung-und-lehre.de/wordpress/?p=6796 (Zugriff: 31.10.2013).

Mendel, Toby (2011), Public service broadcasting: A comparative legal survey, United Nations Educational, Scientific and Cultural Organization, France.

Modern Language Association of America (1977), The MLA Handbook for Writers of Research Papers, 7. Aufl., MLA, New York.

Olbrich, Michael; Fuhrmann, Kathrin (2011), DAX 30-Geschäftsberichte im Lichte von § 244 HGB und § 400 AktG, Die Aktiengesellschaft, Jg. 56, Heft 9, S. 326-331.

Palan, Dietmar (2011), Die besten Geschäftsberichte: Mehr Schein als Sein, Manager-Magazin Online, URL: http://www.manager-magazin.de/magazin/artikel/a-802303.html (Zugriff: 31.10.2013).

Pies, Ingo (2012), Kultur der Skandalisierung: Sieben Thesen aus institutionenethischer Sicht, Diskussionspapier Nr. 2012–5 des Lehrstuhls für Wirtschaftsethik an der Martin-Luther-Universität Halle-Wittenberg, Halle.

Sauer, Christian (2007), Souverän schreiben: Klassetexte ohne Stress: Wie Medienprofis kreativ und effizient arbeiten, Frankfurter Allgemeine Buch, Frankfurt.

Schmid-Egger, Christian; Krüll, Caroline (2012), Körpersprache – das Trainingsbuch: Überzeugend auftreten: Die unbewussten Signale deuten können, Verlag C.H.Beck, München.

Schneider, Wolf (2005), Deutsch für Kenner: Die neue Stilkunde, Piper, München.

Schneider, Wolf (2001), Deutsch für Profis: Wege zu gutem Stil, 11. Aufl., Goldmann Verlag, München.

Thiele, Albert (2005), Argumentieren unter Stress: Wie man unfaire Angriffe erfolgreich abwehrt, 4. Aufl., Frankfurter Allgemeine Buch, Frankfurt.

Thiele, Albert (2007), Präsentieren Sie einfach – Mit und ohne Medien: Techniken und Strategien für Vorträge unter Zeitdruck, Frankfurter Allgemeine Buch, Frankfurt.

University of Chicago (2010), The Chicago Manual of Style, 16. Aufl., University of Chicago Press, Chicago.

Weber-Wulff, Debora; Wohnsdorf, Gabriele (2006), Strategien der Plagiatsbekämpfung, Information: Wissenschaft & Praxis, Jg. 57, Heft 2, S. 90–98.

Witt, Robert (2002), Crime causation: economic theories, in: Dressler, Joshua (Hrsg.), Encyclopedia of crime and justice, 2. Aufl., Macmillan, New York, S. 302–308.

Stichwortverzeichnis